视频号运营

短视频爆款＋电商变现＋直播带货＋私域引流

秋叶 著

北京大学出版社
PEKING UNIVERSITY PRESS

内容提要

尽管视频号的定位是人人皆可记录和创作的平台，希望激发每个普通人的创作意愿，但对于从来没有做过新媒体运营和短视频的普通人来说，若是看到红利就想分一杯羹，盲目跟风，则很难坚持下来。那么视频号掘金，普通人和企业该如何迈出第一步？

本书围绕微信对短视频领域的重点布局和生态变革展开，从视频号的红利、商业价值、内容生态、商业变现、企业掘金视频号等方面，详细探讨了普通人和企业如何利用视频号进行情感连接和消费转化，并讨论了视频号商业变现的具体方法。

本书适合错过抖音等短视频平台，但又想抓住短视频红利的在校大学生，想要推广自己产品的新媒体人，想要通过短视频推广产品的企业和创业者。

图书在版编目（CIP）数据

视频号运营：短视频爆款+电商变现+直播带货+私域引流/ 秋叶著. — 北京：北京大学出版社，2021.5

ISBN 978-7-301-32158-4

Ⅰ.①视… Ⅱ.①秋… Ⅲ.①网络营销 Ⅳ.①F713.365.2

中国版本图书馆CIP数据核字(2021)第075312号

书　　　名	视频号运营：短视频爆款+电商变现+直播带货+私域引流
	SHIPINHAO YUNYING：DUANSHIPIN BAOKUAN+DIANSHANG BIANXIAN+ZHIBO DAIHUO+SIYU YINLIU
著作责任者	秋　叶　著
责任编辑	张云静　杨　爽
标准书号	ISBN 978-7-301-32158-4
出版发行	北京大学出版社
地　　　址	北京市海淀区成府路205号　100871
网　　　址	http://www.pup.cn　新浪微博：@北京大学出版社
电子信箱	pup7@pup.cn
电　　　话	邮购部 010-62752015　发行部 010-62750672　编辑部 010-62570390
印刷者	三河市博文印刷有限公司
经销者	新华书店
	787毫米×1092毫米　32开本　6.25 印张　191千字
	2021年5月第1版　2021年7月第2次印刷
印　　　数	10001–16000册
定　　　价	58.00元

未经许可，不得以任何方式复制或抄袭本书之部分或全部内容。
版权所有，侵权必究
举报电话：010-62752024　电子信箱：fd@pup.pku.edu.cn
图书如有印装质量问题，请与出版部联系，电话：010-62756370

前言

当视频号悄然出现在"朋友圈"下方的黄金位置时,所有人心中都生出一个疑问:这将是谁的机会?

事实上,这个问题在视频号横空出世的第一天,就已经被解答了。微信创始人张小龙不止一次在公开场合强调视频号是一个人人皆可创作的短内容平台。虽然头部大号会得到更多浏览量,但是在一个人人皆可创作的年代,希望长尾的小号都有自己的生存空间,这也是之前公众号忽略了的一个部分。

把张小龙的话直白地翻译过来就是,视频号是所有人的机会,视频号要让普通人能生产、普通人能消费。

那么,这是否意味着,对于普通人,视频号已经成为下一个"风口"?

笔者认为,视频号目前是一个机会窗口,但还不是风口。所谓"风口",是"浪"已经来了,你赶上就能"赚一波",而视频号现在还很难说"浪来了",但是可以看到"浪"快起来了。

为什么这样说?

首先,视频号的很多基础功能正在不断完善,这使得微信生态圈的完全生成还需要一定的时间。例如,笔者在售卖课程时发现,视频号后台的客服功能并不完善,处理学员的咨询时较为烦琐。

其次，还有很多微信用户并未被转化为视频号用户，视频号还未形成足够的规模，用户坚持"刷"视频号的习惯还未养成。

也恰恰是因为视频号还未成为"风口"，却有机会成为"大风口"，这反而成为普通人入局的好机会。因为用户可以和平台一起成长，快速进化成最适应视频号规则的人，抓住视频号的红利。

电影《肖申克的救赎》中主角瑞德曾说："这些高墙还真是有点意思。一开始你恨它，然后你适应了它们。时间久了，你还会依赖它。"

这句颇具哲学意味的人生感悟，与真实商业世界何其相似：视频号刚刚起步时，人们对它不屑一顾，认为它是"模仿者""视频化的心灵鸡汤聚集地"；而随着视频号的发展，那些在刚开始对视频号不屑一顾的人们，早已沉浸其中无法自拔，也开始享受视频号带来的乐趣和便利。

视频号迭代很快。从开始灰度测试，到打通"附近"，开辟"直播与附近"版块；从单列半沉浸式播放界面到全屏沉浸式界面；从接入"搜一搜"到显示热门搜索榜单；从开通视频号商店到接入微信小程序……只用了短短一年的时间。

而在这一年里，伴随着视频号成长的入局者，也早已尝到了第一波红利的"甜头"。

根据"新榜"数据平台统计，2021年1月，视频号博主TOP500中，前3名的总点赞数分别为452.6万+、577.1万+和369.3万+。超高点赞量的背后，意味着大量用户开始进入视频号，同时也代表着这些运营者掌握了变现的先机。

视频号博主"全民吃货"发布一条短视频，苹果成交了2万单，利润超过10万元；"95后"运营者黄小奕半年时间通过视频号变现近90万元；视频号博主"娃娃迷你厨房"用一双手打造了一个大"IP"；笔者亲自实践，新号30天0成本涨粉2.8万，变现300万元……

与此同时，视频号的出场直接与其他众多微信原生应用产生了爆炸式的化学反应，形成了一个消费的闭环。

"视频号+公众号""视频号+社群""视频号+直播""视频号+搜一搜""视频号+看一看""视频号+小程序"……视频号可以与任何一个或多个微信原生应用组合,发挥出巨大的威力,成为引流、裂变、吸粉、打造个人或企业品牌、带货、变现的重要途径。

视频号的初步成功,刺激了互联网最敏感的神经,吸引了大量来自抖音、快手、B站等短视频平台的"网红"和MCN(网红孵化)机构,还有微信的原住民——公众号"大V",以及喜欢记录生活或希望通过视频号实现财富自由的普通人。这时,一个新的问题摆到了眼前,那就是普通人该如何在视频号上掘金?

这就是本书要讨论的内容,本书共5章,笔者以经历者的身份,全面剖析了视频号的商业价值,深入了解了各个领域里有影响力的视频号博主,帮助普通人学习他们的运营经验;细致调研了视频号不一样的内容生态,指导普通人找准内容方向;找准7个变现方法,帮助普通人顺利实现视频号变现;聚焦企业运营策略,让企业账号迅速突围。

其中最重要的部分,是对视频号内容的打造。实际上,正如张小龙说过的那样:"微信的历史上,我们一直不强调强运营,系统和规则会比运营的效率高太多了。"视频号先定义规则,然后让视频号生态自动按规则生长。对于所有运营者而言,运营技巧在视频号运营中只能占非常小的部分,最重要的是打造优质内容,打造被算法推荐的内容是唯一的出路。

本书总结了笔者运营视频号一年多的经验,汇集了笔者与众多视频号大号博主沟通、交流所得的心得,旨在为在视频号门前徘徊、不敢贸然迈进的普通人、企业提供宏观思路,明晰视频号发展现状及未来趋势,真正透彻地理解视频号法则,在视频号中掘金。

本书适合希望利用业余时间做副业赚钱的"宝妈"、上班族,想积累人脉、增加业绩的销售人员、电商从业者,想转型线上快速引流的实体企业,想抓住视频号风口的创业者,想掌握更多变现技能的新媒体从业者，或是任何想要打造个人品牌并变现的人。这些人都可以通过阅读本书，掌握视频号掘金的奥秘。

正如日本著名实业家、哲学家稻盛和夫所说："别用此刻的眼界，限制自己对未来的想象。"视频号打开了一扇新的大门，试图无视这一点并强行关闭这扇大门，不去顺应时代潮流改变自己的人，终将会被时代掀起的惊涛骇浪所吞没。

目录
CONTENTS

第1章 视频号，短视频下半场新红利 001

  1.1 视频号凭什么弯道超车 001

    1.1.1 腾讯背书，必然有红利 003

    1.1.2 背靠微信，拥抱天然流量金矿 004

    1.1.3 社交推荐+个性化推荐，强化社交属性 008

    1.1.4 准入门槛低，人人皆可创作 013

  1.2 视频号的两大独特商业价值 014

    1.2.1 位于微信生态圈，打通流量闭环 015

    1.2.2 推广企业品牌和个人品牌的利器 022

  1.3 视频号与其他内容平台的区别 023

    1.3.1 视频号 VS 抖音：社交互动 VS 沉浸体验 023

    1.3.2 视频号 VS 朋友圈小视频：看全世界有料有趣的人 VS 看熟人 025

    1.3.3 视频号 VS 公众号：多对多 VS 一对多 026

    1.3.4 视频号 VS 微博：社交分享 VS 社交传播 028

第2章 那些视频大号博主都是如何火起来的 030

- 2.1 刘兴亮：首批参与视频号内测的头部达人
  （互联网类博主）...030
  - 2.1.1 先行者优势：高起点、热启动 030
  - 2.1.2 "7+2+1"配置，打造立体"人设" 031
  - 2.13 商业驱动：3大方式，实现视频号盈利百万 035
- 2.2 李筱懿：日均涨粉3000~5000的女性成长领头人
  （文化类博主）...038
  - 2.2.1 从公众号到视频号的完美跨越 038
  - 2.2.2 定位精准，助力新中产女性成长 039
  - 2.2.3 线上、线下全面搭建IP矩阵 045
- 2.3 十点读书林少：垂直赛道领跑者（文化类博主）......047
  - 2.3.1 好名字价值百万粉 048
  - 2.3.2 好内容稳固垂直市场 049
  - 2.3.3 好方法沉淀三重流量 050
- 2.4 萧大业：单条视频播放量1.8亿背后的奥秘
  （教育类博主）...052
  - 2.4.1 "所有的伟大，都源于一个勇敢的开始" 053
  - 2.4.2 "视频号最终会成就一批坚持的长期主义者"......054
  - 2.4.3 一分钟浓缩一生的内容魔法 057
  - 2.4.4 "挣钱应是水到渠成的事情，不应急功近利" 061
- 2.5 胡明瑜幸福心理学：独树一帜的视频号运营者
  （教育类博主）...062
  - 2.5.1 社交链接，跨界出圈 062

目录

    2.5.2 电台口播形式,放大声音优势 063
    2.5.3 关注中年女性粉丝的心理诉求 065
    2.5.4 打造知识 IP 的"一主两翼" 066

2.6 夜听刘筱:3000 万粉丝的微信大号引爆视频号
    (生活类博主) 069
    2.6.1 错过抖音、快手红利,抓住了视频号 070
    2.6.2 好的内容,是可以和时间作斗争的 071
    2.6.3 视频号的最核心打法是直播 078
    2.6.4 游走在文艺和商业之间的创业者 080

2.7 郭郭的打怪日记:正能量职场 CEO 宝妈(生活类博主) 080
    2.7.1 "古典自媒体"的"现代化"之路 081
    2.7.2 边看边做边试错,打造"5+2+1+1+1"内容公式 082

2.8 "王蓝莓同学":用一只手打造一个 IP(娱乐类博主) 087
    2.8.1 形象+声音,打造鲜活人物形象 088
    2.8.2 抠细节,还原年代感 090
    2.8.3 吐槽+玩梗,制造"回忆杀" 091

2.9 何青绫:财经科普界的"大众老婆"(财经类博主) 094
    2.9.1 封面、标题吸睛,激发求知欲 095
    2.9.2 场景生活化,人物形象亲切 096
    2.9.3 用最通俗的语言讲最深奥的财经知识 097

2.10 网易哒哒:全网播放量超 3 亿的专业玩家
    (企业账号类博主) 100
    2.10.1 有趣、有用的奇趣短科普 101
    2.10.2 专业团队全方位把控 104

第 3 章　不一样的视频号内容生态 106

3.1 视频号 6 大爆款内容选题方向 106
3.1.1 真实的态度分享：独到的见解或点评，积极正能量......106
3.1.2 干货技巧类分享：抓住目标受众，重度垂直 107
3.1.3 趣味性内容分享：打造"4 趣"，传播度高 108
3.1.4 真实的生活分享：越普通，越有人气 110
3.1.5 情感共鸣分享：戳中人心＋原创，粉丝黏性强 111
3.1.6 创始人成长分享：先天优势明显，契合视频号基调......112

3.2 视频号爆款内容生产的 3 大思维 113
3.2.1 航母思维：瞄准视频号，布局微信生态圈 113
3.2.2 老虎机思维：一口气生产 N 个游戏币 115
3.2.3 纵向思维：IP 越垂直，效果越好 117

3.3 一条 15 秒视频号内容打造的 3 个阶段 118
3.3.1 第一阶段（0~3 秒）：做复读机，输出知识 119
3.3.2 第二阶段（3~10 秒）：知识转化，做自己 120
3.3.3 第三阶段（10~15 秒）：以产品的形式输出内容，做产品经理 122

3.4 视频号内容的 4 个个性化推荐机制 123
3.4.1 地理位置推荐：打通"附近的人" 123
3.4.2 兴趣爱好推荐：满足用户偏好 125
3.4.3 时事热点推荐：热点"看一看" 126
3.4.4 优质内容反复推荐：好的内容经得起考验 127

第4章 7个变现SOP，30天上手视频号变现 ……… 129

4.1 好友变现 ……… 129
4.1.1 转发短视频、直播到朋友圈 ……… 129
4.1.2 做微信群互评推广联盟 ……… 130

4.2 小领域IP变现 ……… 131
4.2.1 打造电商矩阵 ……… 131
4.2.2 直接带货 ……… 132
4.2.3 引流至个人微信 ……… 132

4.3 专业技能变现 ……… 134
4.3.1 每一条视频号带一个默认链接 ……… 135
4.3.2 引流至粉丝群辅助网课、训练营销售 ……… 136
4.3.3 用视频实现版权变现 ……… 138

4.4 直播达人变现 ……… 139
4.4.1 直播前准备工作 ……… 139
4.4.2 直播中的带货话术 ……… 142
4.4.3 直播后持续变现 ……… 146

4.5 视频达人变现 ……… 147
4.5.1 通过短视频直接做广告 ……… 147
4.5.2 视频号分发短视频打造流量矩阵 ……… 149

4.6 微信公众号变现 ……… 151
4.6.1 通过推荐优质视频号形成多元生态 ……… 151
4.6.2 用视频号为微信公众号引流 ……… 152

4.7 教育培训变现 ……… 155
4.7.1 借势营销，话题VS红利 ……… 155

4.7.2　网课教育机构模式 157
　　4.7.3　用视频号提供咨询服务 158

第5章　企业如何掘金视频号 160

5.1　视频号能为哪些行业赋能？ 160
　　5.1.1　教育培训 160
　　5.1.2　娱乐文化行业 162
　　5.1.3　电商微商 162

5.2　企业如何在视频号"圈粉" 163
　　5.2.1　创始人出镜打造IP 164
　　5.2.2　利用好文案、评论、背景音乐等一切元素 166
　　5.2.3　稳定更新：培养用户观看习惯 169

5.3　视频号的4大引流方式 170
　　5.3.1　运营引流 171
　　5.3.2　评论区引流 172
　　5.3.3　抽奖活动引流 174
　　5.3.4　热点话题引流 177

5.4　3类企业视频号的榜样玩法 179
　　5.4.1　京东：明星"种草"+评论运营+私域流量+公域引流 180
　　5.4.2　三只松鼠：品牌营销+动画故事+联合运营 182
　　5.4.3　宝岛眼镜：知识科普打造独特价值 184

后记 186

第1章
视频号，短视频下半场新红利

1.1 视频号凭什么弯道超车

《2020中国网络视听发展研究报告》显示，短视频的人均单日使用时长已经超过即时通信，达到110分钟。截至2020年6月，我国短视频用户规模达8.81亿，占网民总数的87.0%。

QuestMobile[1]《2020中国移动互联网秋季大报告》显示，互联网巨头在用户时长领域的争夺加剧。2019年9月至2020年9月，头条系产品（以抖音为主）在用户App使用时长占比中，从12.0%增长到15.4%；快手系产品（以快手为主）在用户App使用时长占比中，从4.4%增长到7.2%；而腾讯系产品在用户App使用时长占比中，由45%缩至40.9%，如图1-1所示。

由此可见，一方面短视频用户规模持续走高，另一方面抖音、快手系列的短视频产品，对腾讯系即时通信产品的用户使用时长占比造成了不小的冲击，腾讯系产品面临着严峻的市场考验。

---

1 QuestMobile：中国专业的移动互联网商业智能服务商，提供互联网数据报告、移动大数据分析、数据运营报告等的互联网大数据平台。

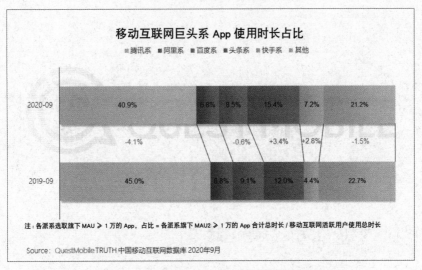

图 1-1 移动互联网巨头系 App 使用时长占比

虽然腾讯系产品中的微信早已成为"装机必备"软件,但微信"内容+商业"的完整生态中,唯独没有短视频产品。无论是此前腾讯在短视频领域的试探性产品微视,还是下拉拍摄的即刻视频,都没有激起什么水花,用户反响远不及短视频头部产品抖音和快手。

此时,腾讯亟须一个拿得出手的短视频产品来完善自己的生态产业链,重新夺回被蚕食的用户时长。

2020年1月9日,微信创始人张小龙通过视频亮相2020微信公开课。他在演讲中称:"微信的短内容一直是我们要发力的方向,顺利的话可能近期也会和大家见面。"于是,微信视频号应运而生。

微信视频号自2020年1月开始内测,6月张小龙在朋友圈宣布视频号日活跃用户数(Daily Active User,DAU)破2亿,并称2亿只是个开始,往后是3亿、4亿。而抖音用了4年,DAU达到6亿;快手用了7年,DAU才超过3亿。

这份成绩单不禁让人惊呼:"视频号是弯道超车了吗?为何冲得这么快?"

诚然，当起跑线不一致，其他平台已经遥遥领先时，要想取得好成绩，视频号就必须抓住每一个机会。视频号凭什么弯道超车？以下 4 点特质功不可没。

1.1.1 腾讯背书，必然有红利

作为腾讯进军短视频领域的一把"利剑"，视频号旨在为腾讯在短视频市场划开一道口子，可以说，视频号是腾讯的战略级武器，腾讯对视频号非常重视。

1."天胡"开局

在抖音火爆之前，字节跳动[1]鲜为人知；在快手"出圈"之前，快手科技[2]无人问津；但在视频号还未萌芽之时，腾讯[3]就早已是中国家喻户晓的知名企业。

暂且不谈腾讯作为世界五百强企业能够给予视频号的雄厚资金、技术支持，仅凭腾讯在中国国民心中的知名度、认同感，便早已决定了视频号未来可期。

腾讯对视频号寄予厚望。在视频号开局阶段的推广中，腾讯便邀请了许多流量明星及诸多垂直领域的领军人物参与视频号内测，有些内测参与者还是腾讯高级执行副总裁张小龙亲自邀请的；内测开始之后，腾讯控股董事会主席兼首席执行官马化腾亲自下场，评论了一些内测者的短视频内容。

腾讯 BOSS 亲自下场，行业大佬纷纷站台，视频号一经发布，便吸引了社会各界的目光。腾讯加持下的视频号，可谓"天胡"开局，盲摸一手好牌。

---

1 字节跳动：北京字节跳动科技有限公司，开发了抖音 App。
2 快手科技：北京快手科技有限公司，开发了快手 App。
3 腾讯：腾讯科技（深圳）有限公司，视频号所属公司。

2. 位置绝佳

与腾讯此前大力扶持的短视频软件微视不同，视频号拥有绝佳的展现位置，它背靠微信，与"朋友圈"并驾齐驱，位于微信的"发现"页第2位，极其醒目，如图1-2所示。

图 1-2　视频号的位置

朋友圈作为人们使用微信时点开频率最高的界面之一，其入口界面是一个非常庞大的流量聚集地。2021年1月19日，张小龙在"2021微信公开课PRO版"的"微信之夜"上透露，每天有7.8亿用户进入朋友圈，1.2亿用户发朋友圈。这些用户在进入朋友圈时，难免会被视频号所吸引，将视频号放在朋友圈入口页面，为视频号吸引流量奠定了坚实基础。

3. 有力监管

如果企业希望自己的产品走得更远，就会花费更多的精力，对该产品内容进行严格监管，以保证产品健康，实现可持续发展。

腾讯从视频号发布之日起，就非常严格地监管运营者发布的内容，设置了诸多规则来约束运营者的行为。例如，加大了对"内容搬运"等侵权行为的监管力度和对违反相关法律的视频的处罚力度等，可谓"爱之深，责之切"。

这些严格的规则，从侧面说明腾讯非常重视视频号，希望能引导并推动整个视频号内容生态的良性发展。

1.1.2　背靠微信，拥抱天然流量金矿

视频号是微信内容创业者的再一次狂欢。作为张小龙的"亲生骨肉"，视频号从"出生"就备受关注，依托微信这一中国最大的社交平台，视频号在基因上就注定与众不同。

"视频号是集团军作战,背靠的是成熟的微信生态和巨大的流量池，

但视频号的定位和抖音、快手完全不同,这不是另一个微视。"一位短视频行业资深从业者说。

这句话非常客观地阐明了一个道理:视频号背靠微信,不以软件的形式独立出来,就相当于拥抱了天然流量金矿。

在这个"酒香也怕巷子深"的年代,流量的多少,几乎决定了短视频平台能否走得更远。没有流量注入的平台,就像一潭死水,终会失去生命力。但视频号几乎不必担心缺乏流量,在流量注入方面,其具有以下优势。

1. 用户优势

2020 年 8 月 12 日,腾讯发布 2020 年第二季度及半年度业绩报告,报告显示:2020 年第二季度微信及 WeChat 的合并月活跃用户人数(Monthly Active User,MAU)增至 12.06 亿。

如此庞大的用户基数,几乎是其他所有互联网软件都无法企及的,且在下一个替代微信的社交产品出现之前,这一局面将长期保持下去。

张小龙在"2021 微信公开课 PRO 版"的"微信之夜"上还透露,每天有 10.9 亿用户打开微信,3.3 亿用户进行视频通话。如此大的用户基数和如此高的用户活跃度,意味着依托于微信的视频号,能够长期将这十几亿用户收为己用,迅速实现用户迁移。

同时,微信是典型的强关系产品,美国社会学家马克·格兰诺维特曾就社交关系网络提出了弱关系理论,强关系在社交关系网络中是指与在生活中经常接触和交流的人之间的关系,一般产生于个人与核心家庭成员、挚友、工作搭档、事业合作伙伴之间;弱关系则是指生活中泛泛之交的关系。

基于强关系的微信用户对微信有着天然的信赖感,使得微信及其相关产品的用户黏性极强,微信自带的强大号召力使得视频号更容易获得支持。

2. 圈层渗透优势

微信用户几乎涵盖全国各个地区和各个年龄段，由此带来的是视频号对地区圈层和年龄圈层迅速渗透的优势。

首先，视频号能够在一线到五线城市实现全同步快速渗透。

通常情况下，短视频平台都是基于一个用户圈层向其他用户圈层渗透。例如，抖音首先抓住了一、二线城市用户，再逐步向三、四线城市渗透；快手则以四、五线城市为抓手，向一、二、三线城市上探，这些都是基于一个圈层向另一圈层的扩散。

由于微信用户覆盖全民，视频号可以直接实现从一线到五线城市的同步覆盖，可谓无差别渗透。抖音、快手和视频号圈层渗透方式，如图1-3所示。

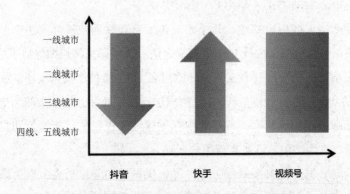

图1-3 抖音、快手和视频号圈层渗透方式

其次，视频号能够覆盖其他短视频平台难以获取的特定人群。

抖音、快手等短视频平台都有其特征明显的用户目标群体，这也使得这些短视频平台遗漏了另外一些用户群体，如广大的老年人群体，一部分高净值人群[1]等。

---

[1] 高净值人群：一般是指资产净值在100万元人民币以上的个人，也是拥有较高的金融资产和投资性房产等可投资资产的社会群体。

老年人群体对智能手机的使用普遍不如年轻人灵活,但使用微信他们驾轻就熟,视频号更容易获得他们的青睐;高净值人群对短视频内容信息价值较为看重,娱乐气息较重的抖音、快手对于他们而言无法承载更多有价值的信息,但视频号内容偏知识类,更符合他们的期待。

3. 流量沉淀优势

对于短视频运营者而言,运营短视频的最终目的都是变现。变现的首要前提就是流量的沉淀。何谓流量沉淀?就是短视频运营者将公域流量[1]转化为私域流量[2],是将短视频观看者转化为粉丝的过程。

抖音、快手、bilibili等短视频平台,对于短视频运营者来说,是导流的渠道,要让流量最终归属于运营者本身,还需要引流,这就在无形中增加了一个环节,且这个环节较难实现。

而视频号因为本身就依托于微信,与微信的连接更为紧密,运营者可以通过个人微信、微信群、微信公众号等渠道,迅速实现流量沉淀,建立私域流量生态圈,这是其他平台都无法比拟的。

与此同时,短视频运营者越来越多地涌入视频号,创作出更高质量的内容,视频号作为平台也会获得迅速发展。

4. 官方扶持优势

为了加速视频号迭代,吸引更多运营者进入,视频号官方亲自下场,开启"带着大家玩"模式,一方面教运营者如何更快上手,另一方面利用官方流量扶持优质内容,刺激优质内容产出。

例如,2020年"十一国庆旅游黄金周"期间,微信视频号官方线上发起#好看中国#话题,引导运营者创作相应内容,并对其中的优质内容进行推荐,给予其更多流量,如图1-4所示。

2020年11月4日,微信视频号官方还打造了"微信视频号创作营·

---

[1] 公域流量:也叫平台流量,它不属于单一个体,而是被集体所共有的流量。

[2] 私域流量:是与公域流量相反的概念,简单来说是指不用付费,可以在任意时间,直接接触到用户的渠道,如自媒体、用户群、微信号等。

北京泛创作者专场"活动，有300多名视频号创作者参加，微信视频号官方账号同步直播，如图1-5所示。这一举动既引导了视频号创作者抓住视频号特征进行创作，又扩大了视频号的影响力，吸引更多用户关注视频号。

图1-4 #好看中国#话题图

1-5 北京泛创作者专场直播

"蓬生麻中，不扶自直"，微信创造了一个天然流量金矿，等待着入驻其中的视频号运营者挖掘、开采。

1.1.3 社交推荐+个性化推荐，强化社交属性

视频号是短视频世界里传播最便捷的宠儿。相比其他短视频平台，视频号在算法推荐机制上具有独特优势。根据微信官方介绍，视频号的推荐机制主要有两种，即社交推荐机制和个性化推荐机制，如图1-6所示。

> 谁会看到我的视频号发布的内容？
>
> 在视频号里，您发布的内容，不仅能被关注的用户看见，还能通过社交推荐、个性化推荐，让更多的人看见。同时，视频号内容还可以被转发到朋友圈、微信聊天场景、收藏，与更多人分享。

图 1-6　视频号推荐机制

1. 社交推荐机制

在微信生态中，社交推荐机制有 3 种含义。

（1）朋友"点赞"推荐

第一种含义是视频号运营者发布的短视频，能够在用户点赞后，出现在该用户微信好友的视频号主页"朋友"版块的界面上。

例如，张三点赞某一视频号内容后，张三的微信好友会在视频号入口界面看到一个张三点赞了某一短视频的"小红点"，由此界面进入视频号主页，能在"朋友"界面看到这一短视频，如图 1-7 所示。

这个逻辑和朋友圈好友动态类似，好友在朋友圈发布动态后，朋友圈入口界面也会出现一个"小红点"，告知其他好友朋友圈有新的动态。

图 1-7　朋友"点赞"推荐

这个"小红点"的存在，能够让一个用户在点赞某一视频号内容后，直接将这一内容推荐给该用户的全部微信好友，这种基于好友关系的加强推荐，能够提高视频号内容的曝光率。

以一个形象的例子说明，张三想在超市购买一款毛巾，但超市毛巾众多，他挑花了眼，恰好此时张三遇到了朋友李四，李四告诉他，某品牌的毛巾他用过，感觉很不错，张三在李四的推荐下，购买了该品牌的毛巾。

在这个例子中，李四推荐的过程，相当于他点赞某些视频号内容的过程，他的好友张三看到李四的推荐，会因为信任李四而选择观看他推荐的短视频，这就是朋友"点赞"推荐。

值得注意的是，微信8.0版本更新后，视频号推出"私密赞"功能，用户长按视频号点赞，会弹出"仅作者可见"选项，选择"仅作者可见"，会将以往完全曝光在微信好友面前的点赞，转化为"私密"点赞，使其他微信好友无法看到其点赞的内容。

这一功能的推出，虽然看起来令视频号的好友推荐功能减弱了，但实际上保护了用户跟随自己心意点赞而不被其他好友发现的隐私权，使视频号更易获得用户的信任，这样一来用户在点赞时，也不会顾虑太多，增加了作品被点赞的可能性。

（2）好友之间互相推荐

第二种含义是视频号运营者发布的短视频，可能出现在其微信好友的视频号推荐中，即便这些好友并未关注运营者的视频号。

举例说明，张三和李四互为微信好友，张三在视频号上发布了一条短视频，李四并没有关注张三的视频号，但李四也有可能通过社交推荐机制"刷"到张三发布的短视频。

这一机制是视频号运营者将视频号内容基于好友关系进行的初步扩散，基于微信熟人社交模式，让微信好友在视频号上的联系更加紧密。

（3）朋友圈、社群传播

第三种含义是视频号运营者发布的短视频能够通过朋友圈和微信群转发和传播，借助社交网络让更多用户看到。

用户在浏览视频号内容时，发现短视频内容能够引起自己的共鸣，希望将该内容分享给好友时，可直接点击短视频右上角的"…"，系统将会提供两种分享方式，即"发送给朋友"或"分享到朋友圈"，轻松实现"一键分享"，如图1-8所示。

图 1-8　视频号内容分享渠道

这一机制能够将短视频传播至更广泛的社群或朋友圈中，使更多用户看到该视频。

视频号的社交推荐机制并非只能择一实行，而是一旦用户通过视频号发布短视频，以上三种社交推荐机制将同时生效，并可以互相转化。例如，张三发布了一条短视频，李四通过第二种社交推荐机制"刷"到了这条视频，并给张三的短视频点了赞，此时，李四其他微信好友的视频号入口界面，就会显示李四点赞了一条短视频，李四的其他好友如果感兴趣，也会点击查看这条短视频。如此一来，短视频的传播范围将更加广泛，如图1-9所示。

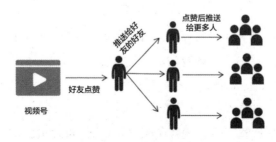

图 1-9　视频号传播

视频号的社交推荐机制，使视频号运营者在获得内容的认可度和扩大内容的传播上更具优势，加速了视频号账号的冷启动，能够迅速实现从0到1的粉丝积累。

2. 个性化推荐机制

个性化推荐机制，是指视频号通过分析用户的观看偏好，对用户"贴标签"，然后根据用户所属"标签"进行相应的内容匹配及推荐。

这个"标签"可以是用户所属地域、兴趣爱好、互动情况等。例如，某些用户观看过的视频号内容几乎都是娱乐、搞笑类，那么系统就会认为他们喜欢这一类视频，就将持续给他们推荐这一类视频。

2020年6月，视频号新增了热门推荐及附近版块，当用户点击、收藏某个视频时，该视频下方会出现一个推荐入口"我们还喜欢"，点击进入这个推荐入口后，出现的是一个二级推荐页面，该页面推荐的短视频内容，都与用户点击、收藏的短视频类型一致。

通过这种方式，视频号不断给用户"贴标签"，使用户的观看偏好更明显，以便于平台推荐更符合用户"胃口"的短视频。

社交推荐机制与个性化推荐机制相加，能够使优质的视频号内容获得算法的持续推荐，激发长尾效应。

一方面，优质的视频号内容会激发算法持续推荐。如果用户发布的视频号内容足够优质，并有足够多的用户点赞和评论，甚至主动转发到他们的朋友圈或微信群，那么视频号将获得更大范围的传播，带来源源不断的新流量。

另一方面，算法推荐机制让优质的视频号内容具有更长的时效性，也就是说，优质的视频号内容在发布后的很长一段时间里，也仍有被新用户看到的可能性。例如，笔者就曾发现，自己在几个月前发布的视频，依然能得到算法的推荐，给更多新用户观看。

所以说，在未来，优质的内容在视频号平台上得到几十万次的播放量，将会成为非常常见的事情。

1.1.4 准入门槛低，人人皆可创作

朋友圈、微信公众号刚上线时，都是以"人人皆可创作"为出发点，视频号延续了这一宗旨，称"视频号是一个人人可以记录和创作的平台"。微信官方对视频号的介绍如图 1-10 所示。

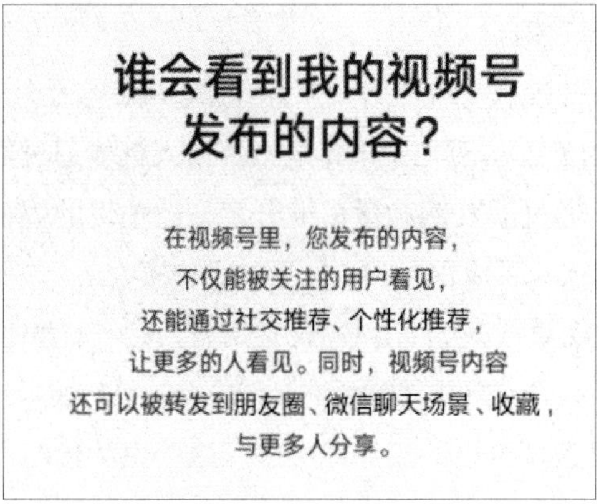

图 1-10 视频号简介

而在创作载体上，视频比图文的准入门槛更低。

主打图文内容的公众号，对于大众而言门槛较高，每人每天发表文字内容已属不易，更何况是每天创作一篇文章。如今公众号流量大多已经被头部账号占据，中小公众号纷纷停更，这一状况愈演愈烈，创作优质微信公众号文章的难度和成本越来越高。

在阅读日益碎片化的当下，人们更追求短暂的视觉快感和心理愉悦，短内容成为时代的"宠儿"。随手一拍的图片、一镜到底的视频，显然比一段文字更加简便、更加具象。这也正是当下人们所调侃的"遇到万事不要慌，先拿出手机拍个视频"这一心态的完美体现。

随着互联网技术的进步，网络基础设施条件完善，拍摄工具更易获取，在短视频创作上，人们所见即所得，一键按下拍摄按钮，即可录制短视频。

以往困扰许多运营者的视频剪辑问题，如今也已大大改善，各种简单、

易上手的剪辑软件，使视频剪辑几乎变成了"傻瓜式"操作，只需要一部能上网的智能手机，人们就可以根据自己的需求创作短视频内容。

更重要的是，已经从成长阶段过渡到成熟阶段的抖音、快手等短视频平台，为了沉淀流量，实现商业闭环，几乎都开始将流量向头部账号倾斜，这对于还未入局短视频行业的运营者和已经入局的中小运营者而言，并不是一个好消息。

而微信官方并没有变现压力，它并不希望视频号在一开始就变成"大V""KOL"[1]的天下，而是希望每一个普通人都能通过视频号创作生活化的内容，然后通过朋友圈和微信群分享自己拍摄的短视频，体现的正是它所强调的"人人可以记录和创作"的平台宣言。

举个例子，视频号"金铃读书"的运营者，是一个普通的文字工作者，她经常在视频号上分享自己的生活、工作内容，包括公司组织的读书会、对婆媳关系的思考、自己的工作经历等，这些生活化的内容，是一个普通人对于生命的感悟，也体现出微信希望通过视频号让更多普通人加入其中的初衷。

1.2 视频号的两大独特商业价值

腾讯明确定义视频号"是微信生态战略级产品，是连接内容与交易的重要窗口"。这句话反映了一个重要信息：腾讯对于视频号的商业变现非常看重。

商业价值的高低几乎决定了一个平台能走多远，商业价值是平台持续发展的动力来源。换言之，短视频平台最终能否形成一个可持续的创作者生态，最重要的是能否让博主赚到钱。

创业者、商家或企业进入视频号，目的都是实现商业变现，而视频

---

[1] KOL: Key Opinion Leader, 关键意见领袖。

号独特的商业价值,能够助力创业者、商家或企业更迅速地实现商业变现。

通过视频号变现的底层逻辑是影响力变现,影响力会转化为信任,信任则直接影响利润,决定视频号的商业价值。1 个视频号粉丝 ≈30 个快手粉丝 ≈60 个抖音粉丝,视频号的变现能力远远强于快手和抖音。

1.2.1　位于微信生态圈,打通流量闭环

视频号还是个"刚满周岁的初生儿",却因为身处微信生态圈而潜力十足,早已和微信公众号、社群、小商店、小程序、搜一搜等功能打通,也具备了直播功能,这些功能的组合,使视频号具备了持续成交的商业价值,如图 1-11 所示。

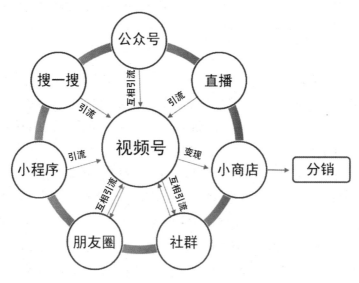

图 1-11　视频号与微信其他功能互相引流

1. 视频号 + 直播:带货标配

2020 年可谓"直播年",各年龄层、各行业、各性格的人群纷纷涌入直播,直播几乎成为全民性娱乐消遣方式。意识到用户的喜好正在从文字、图片向视频、直播转变的视频号,自然不会放弃直播这一片广阔

的疆土。

一方面，用户在观看直播时可以通过弹幕和主播互动，与同时观看直播的用户画上"集体符号"，弥补心灵的空缺，在一定程度上找到归属感；另一方面，由直播衍生的新型商业模式也成为个人和企业拓展新渠道、挖掘新用户的重要突破口。

视频号与直播相结合，是一个完美的"导流+转化"的闭环。视频号运营者在视频号上发布优质内容吸引用户关注，然后开启直播引导用户购买商品。直播过程中，商品会根据商家后台的设置弹出到直播界面，在视频号运营者介绍商品的同时，用户即可完成下单，这是一种极佳的网络销售方式。

同时，在直播过程中，可以设置多种促销玩法，如随机抽奖、商品打折等，能够提高实时订单转化率。

2. 视频号+社群：流量沉淀

社群是视频号内容传播的绝佳渠道，是将公域流量转化为私域流量的重要途径。通过社群，视频号运营者可以进行视频号内容分享、直播预告、课程或商品售卖等众多涨粉、变现举措。视频号"十点读书林少"在社群内分享直播预告，如图1-12所示。

引导粉丝通过视频号加入社群的方式有很多。例如，在个人主页的简介中添加运营者微信账号、社群号；在视频号内容中加入运营者微信二维码；在短视频文案中提醒用户添加运营者微信好友等。笔者视频号个人简介中的微信添加引导如图1-13所示。

将视频号与社群相结合，能够拉近运营者与用户之间的距离，让用户成为运营者的忠实粉丝。

图 1-12 十点林少直播预告　　图 1-13 视频号个人简介中的微信添加引导

3. 视频号+公众号：互相导流

尽管受到外部环境和新兴互联网内容平台的冲击，但仍有 3.6 亿用户每天阅读公众号文章，公众号依旧极具商业价值。

第一，公众号是真正的私域流量，是运营者可以掌控、调动的流量。抖音、快手等短视频平台上的流量，是基于推荐机制获取的，用户关注运营者，但并不会经常打开关注者的账号，观看的通常是系统推荐的内容。但公众号不同，通常情况下，用户观看公众号内容，是因为他关注了该公众号，或者是在朋友圈等好友分享的情况下看到了某篇文章。因此，公众号粉丝的黏性远远高于其他平台。

第二，公众号变现受到微信平台的鼓励。微信一贯主张"平台要为创作者服务"，所以微信对于公众号运营者变现几乎是"零干预"，无论是广告变现还是售卖商品或课程变现，在公众号上操作起来都十分便捷，受平台限制小。

视频号与公众号同属于微信生态系统，能够双向互通，互相导流。视频号文案中可以加入公众号文章链接，公众号中可以插入视频号动态卡片，视频号与公众号结合运营，能够将视频号中黏性不高的粉丝转化为公众号中黏性较高的粉丝，从而更加顺利地变现。

4. 视频号 + 小商店：促进转化

在视频号个人主页左下角，有一个"商店"按钮，如图 1-14 所示。点击进入商店，就会出现商品列表，用户可以直接购买，不需要通过第三方软件，便于商品直接转化为收益。

图 1-14　个人主页的"商店"按钮

微信 8.0 版本更新后，微信小商店可一键生成推广视频，点击商品即可选择生成图文、海报或视频任一形式的推广方案，还能直接生成文案链接，直接分享至视频号、微信聊天和朋友圈界面，复制一键生成的视频号文案链接即可直接识别链接中的商品，使小商店商品的推广变得更加方便、灵活，如图 1-15 所示。

图 1-15　一键生成推广视频和文案链接

5. 视频号 + 小程序：升级版小商店

小程序是一种不需要下载安装即可使用的应用，这一应用形式能使用户不用再担心应用安装太多影响手机内存的问题，实现了应用"触手可及"的梦想，也体现了小程序"用完即走"的产品理念。

张小龙在"2021微信公开课PRO版"的"微信之夜"上表示，每天有4亿用户使用微信小程序。

2020年12月，视频号打通了小程序，拥有小程序商店的运营者，可以将视频号个人主页的"商店"按钮直接对接至小程序。简言之，一个视频号博主，在开通个人主页的商店时，既可以选择标准版商店，也可以使用自定义版商店，自定义版商店就是自己的小程序。

笔者在视频号个人主页中将商店设置为小程序商店，点击商店就会进入小程序"秋叶大叔的小店"，如图1-16所示。

图1-16 小程序"秋叶大叔的小店"

小程序商店比微信小商店功能更丰富，能够像"淘宝"商品页面一样，设计商品的详情页等，且小程序商店可以直接在直播界面弹出，便于运营者进行直播带货。

6. 视频号+搜一搜：精准引流

微信聊天界面的上方，有一个"搜索"框，用户通过该搜索框搜索感兴趣的内容时，可以指定内容来源。视频号与搜一搜功能打通后，用户搜索内容，可以指定搜索视频号内容。

例如，在搜索框搜索"美食"两个字，选定内容来源为视频号，就会出现带有"美食"话题的视频号内容，如图1-17所示。

同时，视频号更新了搜索榜单功能，用户在视频号页面点击"搜索"按钮，将会显示十条热门话题，吸引更多用户点击观看与热点话题相关的视频号内容,如图 1-18 所示。

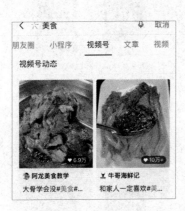

图 1-17　搜索美食视频号

图 1-18　视频号热门搜索榜单

视频号与搜一搜功能的打通,使得视频号能更精准地吸引定向用户。用户对某方面内容有需求,在搜索结果出现后,他就会点开自己感兴趣的视频号观看。

7. 视频号+朋友圈:节日营销新阵地

视频号与朋友圈最直接的连接,是能够在朋友圈内直接分享视频号内容,减少了中间环节可能产生的用户流失。这对于视频号运营者打开市场,利用微信朋友圈增加视频号内容点击量,以及大环境下视频号内容的传播均有好处。

另外,微信更新到 8.0 版本后,视频号与朋友圈广告开启了"梦幻"联动,朋友圈广告和视频号活动被直接打通,而视频号活动页又连接着官方视频号、小程序、小商店等其他微信生态圈中的应用,这意味着"微信生态连接一切"的理念在实践中又前进了一步。对于品牌来说,这无疑打开了营销的新大门。

安慕希就利用这一功能,成为第一个"吃螃蟹的人"。用户在刷朋友圈时，可以通过安慕希发布的朋友圈广告进入品牌视频号活动页#浓浓年味安慕希#，这个页面汇集了大量用户参与活动的短视频作品，如图1-19所示，且通过这个活动页面，用户还可以直接点击链接进入安慕希的小程序，实现了多方互联。

根据官方数据，安慕希此次活动，吸引了近2500万人参与，朋友圈广告的总互动点击率为19.27%（包含外层滑动次数）。安慕希品牌通过这一方式，有效利用了朋友圈的社交优势，利用视频号展示出更多品牌产品、服务信息，提高了朋友圈广告的点击率，助力品牌获得了更好的推广效果。

总而言之，视频号与直播、社群、公众号、小商店、小程序、搜一搜及朋友圈的联合运营，能够让用户在进入微信这一软件后，获得即时通信、观看直播与短视频、互动交流、阅读文章、购买商品等功能集于一体的"一站式"体验，成功实现流量闭环，将用户牢牢锁定在微信生态圈中，商业潜力巨大。

图1-19　安慕希广告活动页面

1.2.2 推广企业品牌和个人品牌的利器

网络上曾经流传着这样一个段子:传统企业做 10 个亿的生意,需要 1000 人;电商企业做 10 个亿的生意,需要 100 人;网红[1]企业做 10 个亿的生意,只需要 10 个人。

虽然这个段子略显夸张,却阐述了一个道理:突破重重关卡,实现财富自由,打造超级 IP,可以另辟蹊径。

被誉为"可口可乐之父"的罗伯特·伍德鲁夫曾说过:"即使可口可乐全部工厂都被大火烧掉,给我 3 个月时间,我就能重建完整的可口可乐。"这句话并非夸张,事实的确如此。可口可乐在全球拥有数量庞大的消费人群,几乎没有人不知道可口可乐,仅是"可口可乐"这一品牌就拥有极高的知名度和消费市场。

用一个专业名词解释,这就是可口可乐的品牌人群资产,是企业和个人具有商业价值的重要体现。可以说,没有品牌,就没有值钱的身价。

视频号可以助力企业和个人打造自己的品牌,帮助企业和个人获得更多用户的信赖。

通过视频号,企业和个人可以传达自身价值观念,分享日常生活,打造一个立体、鲜活的企业或个人形象,并通过有温度的传播,快速占领用户内心;通过视频号企业和个人的知名度可以不断扩大,且持续渗透进用户的生活中,形成独特的影响力,有利于企业和个人开展商业活动。

例如,作家李筱懿就利用视频号,打造了一个独立、自律又温柔的女性形象,助力其销售图书、运营公众号及开展其他商业活动。

当用户信赖一个企业或个人品牌时,就会忠诚于这个品牌,而视频号就是企业和个人品牌的孵化器,是助力企业和个人实现商业变现的"核武器"。

---

1 网红:网络红人也被称作"网红",是指在现实或者网络中因为某个事件或某个行为被网民关注而走红的人。

1.3 视频号与其他内容平台的区别

从无到有创造一款产品很难,用户理解一款从无到有的产品也并非易事。视频号推出之初,人们会用一些他们相对熟悉的软件与视频号进行类比,如"对标抖音""冲击微博""中国版 Instagram[1]""下一个微信公众号"等。但这些类比并不准确,视频号并非这些软件的模仿品,"外表"虽相似,"内里"却完全不同。

1.3.1 视频号 VS 抖音:社交互动 VS 沉浸体验

2016 年 9 月,以"记录美好生活"为宗旨的抖音短视频平台(以下简称抖音)正式上线,其定位是一款音乐创意短视频社交软件,专注创意、潮流、好玩的短视频内容创作及分享。

短短几年,抖音成为炙手可热的"装机必备"短视频软件。抖音官方发布的《2020 抖音数据报告》显示,抖音日活跃用户已突破 6 亿。作为短视频领域的"元老",抖音几乎改变了人们的日常生活:遇到有趣的、温馨的事情,人们会第一时间将手机拿出来,拍摄一个抖音短视频发布出去;地铁、公交上,人们戴着耳机被抖音里的短视频逗得哈哈大笑,甚至临睡前的"助眠"方式,都是看抖音。

视频号未完全推出之前,人们曾经揣测视频号是不是下一个抖音,但视频号推出之后,人们发现视频号和抖音大不相同。

视频号与抖音的区别如表 1-1 所示。

表 1-1 视频号与抖音的区别

区别项	视频号	抖音
价值观	记录真实生活,人人都是独立创作的个体	记录美好生活

---

[1] Instagram:是 Facebook 公司旗下一款免费提供在线图片及视频分享的社交应用软件,于 2010 年 10 月发布。

续表

区别项	视频号	抖音
内容形态	短视频（3~60s）、中长视频（15~30min）、图片	短视频（15s、60s）、直播、图片、影集
推荐机制	去中心化，社交推荐＋个性化推荐	中心化思想，注重培养KOL，鼓励用户不断创造优质内容
视频展现形式	单列半屏沉浸式、单列全屏沉浸式	单列全屏沉浸式
视频展现尺寸（竖屏）	6:7、9:16	9:16
创作者生态	粉丝分布相对均衡	头部KOL粉丝集中度高
用户画像	朋友圈用户	用户男女比例均衡，以年轻人群为主
变现方式	公众号、朋友圈、广告、电商、直播等多种变现方式相结合的商业生态圈	平台主导的变现方式，如信息流广告、小商店卖货等
引导关注方式	创作者在视频上方，更鼓励关注	创作者在视频下方

视频号界面与抖音界面对比，如图1-20所示。

抖音界面　　　　　　视频号界面

图1-20　视频号界面与抖音界面对比

通过界面,就可以看出视频号与抖音的不同。视频号更强调社交互动,朋友点赞或看过的视频,会出现在其他微信好友的视频号界面;抖音更注重沉浸体验,用户在不断"上滑"切换短视频的过程中,会不断接触到新鲜内容,专注于当前视频,不受其他信息干扰,令人直呼"根本停不下来"。

另外,视频号与抖音最大的不同,在于其产品理念——注意力分配的不同,最直观的表现就是这两者推荐机制的不同。

抖音的流量分配机制以"中心化"思想为主,注重培养KOL,将更多的流量分配给拥有较多粉丝的创作者,让用户在喜爱的圈子里与KOL呈"仰望和追随"的关系;打造类似艺人与粉丝的情感纽带,形成众星捧月的模式,鼓励KOL不断创作优质内容。

视频号则不然,视频号想打造的,是一个让每个人的表达都尽可能被放大的平台,也让每个人都能够借助这个平台看到更大的世界。

笔者在刚刚运营视频号时,尝试着发布了几条简单的生活感悟,很快便获得了几万的曝光量,这在抖音几乎不可能实现。

综合比较视频号与抖音,可以发现视频号并不为对标抖音而生,微信对视频号不强加干预,任其野蛮生长、自然演化,将会为用户带来不一样的体验。

1.3.2 视频号VS朋友圈小视频:看全世界有料有趣的人VS看熟人

作为微信最重要的功能之一的朋友圈,也能够发布视频类内容,即朋友圈小视频。

微信视频号和朋友圈小视频都是微信生态圈中的视频类产品,但两者差异巨大。视频号与朋友圈小视频的具体区别如表1-2所示。

表 1-2　视频号与朋友圈小视频的区别

区别项	视频号	朋友圈小视频
发布位置	微信发现页入口	微信朋友圈
视频时长	短视频（3~60s）、中长视频（15~30min）	10s
视频画质	高清画质	不超过20MB，容易被压缩成模糊画质
受众对象	全世界使用微信的人	朋友圈好友
内容打造	全世界有料有趣的人精心制作的视频	微信好友原创或转发的小视频

视频号与朋友圈小视频最大的不同，在于其受众对象和内容不同。

朋友圈小视频的传播范围仅限于微信好友，甚至微信好友中，只有被"允许查看"的人才能看到，是基于熟人的私密性分享。用户在朋友圈中发布小视频，意味着他并不想将视频内容昭告天下，只想展示给好友看。

朋友圈发出的大多是用户原创或转发的小视频，由于主要受众是微信好友，因此大部分用户在制作时，并不会对其进行精雕细琢，大部分都是随手一拍的内容。朋友圈小视频的视频大小不能超过20MB，视频清晰度不高。

视频号则是一个面向所有人的公开的内容分享平台，用户在视频号上发布的短视频，可能连用户自己都不知道被哪些人看到了，任何人都可以通过视频号的推荐机制、主动搜索或微信好友点赞等方式看到用户发布的内容。

用户在视频号上发布的短视频，通常是自己精心制作的有趣、有料的内容。选择在视频号中发布视频的用户，希望更多人看到自己的才能、品味和见识，期待突破圈层限制，面向更广大的受众。

1.3.3　视频号 VS 公众号：多对多 VS 一对多

视频号开放之后，大批公众号运营者涌入其中，他们具备运营公众号的成熟经验,但这些经验在视频号的运营中不一定行得通。

究其根本,视频号与公众号,虽然同为微信生态圈产物,但二者大相径庭,主要区别如表 1-3 所示。

表 1-3 视频号与公众号的区别

区别项	视频号	公众号
发布形式	短视频(3~60s)、中长视频(15~30min)、图片	长文章、视频、图片
互动方式	无须关注即可评论,用户可以互相评论、回复	留言被作者精选之后才能显示,用户之间不能互相评论
特殊功能	可带公众号链接	可推荐视频号
核心属性	论坛机制,N 对 N 互动模式	博客机制,1 对多互动模式

视频号出现的一个重要原因,就是弥补公众号的不足。张小龙曾说:"相对公众号而言,我们缺少了一个人人可以创作的载体,因为不能要求每个人都能天天写文章。"

通过这句话,可以得知,公众号与视频号相比,有两方面的"缺陷",一方面是公众号限制了内容创作者的范围,将内容载体限制为文章,而很多创作者并不擅长写文章;另一方面是普通人更容易创作的图片、视频等形式的内容在公众号上没有很好地被承载。

公众号更具有媒体特征,而视频号则更具有社区潜质。

用户虽然可以在公众号的文章下留言,但留言内容被作者精选之后才能显示出来,才能被其他用户看见,同时,用户之间不能互相评论。这就决定了公众号带有传播属性,类似博客,是一种"1 对多"的互动模式。

视频号的互动方式是用户无须关注创作者即可进行评论,用户之间可以无限制地互相评论、回复。这种互动方式更像网络论坛,视频号创作者与用户,并非"1 对 1"的单向传播,而是"N 对 N"的互相交流。

在内容上,公众号通常为深度内容或多元内容组合发布,公众号文章从标题、封面到文字内容,都要有特色、有观点、有态度。其一天只能发布一次的机制,使公众号运营者必须对文章精心雕琢。

视频号的内容虽然也需要有特色、有观点、有态度，但相对公众号而言，门槛更低。它更倾向于短内容和即时呈现，是一个更适合传播的媒介。

而且公众号文章的受众多为关注了该公众号的用户，这些用户是公众号的"粉丝"，如果不关注该公众号，几乎很难迅速获取该公众号发布的信息。

但视频号的核心理念是展现与互动，即使不关注某一视频号账号，也极有可能通过视频号的推荐机制"刷"到该账号的作品。

1.3.4 视频号 VS 微博：社交分享 VS 社交传播

视频号顶部的导航模块改版后，设置了"关注""朋友""推荐"3个栏目，而微博的顶部导航模块，则由"关注"和"推荐"两个栏目组成，于是很多用户惊呼："视频号怎么越来越像微博了？"

事实上，虽然导航模块有些类似，但视频号与微博依旧存在不小的差异，如表 1-4 所示。

表 1-4 视频号与微博的区别

区别项	视频号	微博
发布形式	短视频（3~60s）、中长视频（15~30min）、图片	文字、图片、长文章、短视频、投票等
互动方式	评论、点赞、转发、收藏	转发、评论、点赞、收藏
引导关注	"关注"按钮隐藏在视频号首页	有醒目的"关注"按钮
运营路线	内容创作平台	社交媒体平台
内容方向	创作原创内容	搬运原创内容

微博走的是社交媒体路线。许多关注时事热点的人，获取第一手信息的渠道都是微博。微博几乎是一些重大事件发酵的第一阵地，因为在微博上，用户可以自由评论，发表自己的看法，其他用户可以清晰地看到这些评论。

视频号上的用户虽然也可以自由评论，但视频号不具有转发功能。这里所说的转发功能并不是分享功能，而是用户将短视频转发至个人视频号主页的功能。这使得视频号在面对突发性重大新闻时，无法像微博一样迅速调动、聚集用户，因而很难利用视频号形成热点话题，引发用户的广泛讨论。

这正是视频号与微博最大的区别所在。微博的转发功能强大，决定了微博上的内容多为搬运性内容，原创性内容很少。视频号之所以只做发布功能，弱化转发功能，是为了最大化地鼓励用户原创。视频号是一个创作平台，它欢迎每个热爱表达的用户，也致力于让用户的创作光芒被更多人发现。

这也决定了视频号与微博特性不同，视频号侧重社交分享，用户可以将短视频内容分享给好友观看，但不能将其"据为己有"；微博可以无限制转发他人的内容，更倾向于社交传播。

此外，从功能上讲，视频号的功能更加简单，主要为发布短视频和图片，而微博的功能多样，包括长文章、短文字、图片、视频、投票等；从引导关注的方式上来看，视频号将"关注"按钮隐藏在视频号运营者个人主页，而微博则有一个醒目的"关注"按钮，放置在微博创作者账号旁。

第 2 章
那些视频大号博主都是如何火起来的

2.1 刘兴亮：首批参与视频号内测的头部达人（互联网类博主）

相信许多已经入局视频号或正在观望的博主，在了解视频号时，都看到过这样一个名字：刘兴亮。笔者与刘兴亮几乎同时开始制作视频号，他是首批参与视频号内测的博主，作为先行者，我们经常在微信上交流视频号的运营经验和技巧。

虽然我们的工作性质、研究方向和生活方式截然不同，但我们对视频号的看法出奇的一致，还合作撰写了一本关于视频号的书籍。

这位首批参与视频号内测的头部达人，目前已然成为视频号运营经验的重要分享者，在 2020 年中国首届视频号年度峰会暨金视榜颁奖典礼上获得了"特殊贡献奖"，并且是互联网类博主 TOP10 中的第二名。

那么，刘兴亮是如何取得这些成就的呢？

2.1.1 先行者优势：高起点、热启动[1]

刘兴亮是首批参与视频号内测的博主。2020 年春节假期，张小龙邀

---

[1] 热启动：在此指博主在有一定粉丝基础的前提下入局视频号。

请刘兴亮开通了视频号内测账号,当天晚上,刘兴亮发布了其第一条短视频《小企业最难熬的春季》。随后,腾讯首席执行官马化腾在这条视频下留言:"欢迎测试。"刘兴亮的视频号生涯正式拉开帷幕。

有这两位"大佬"的影响力的加持,刘兴亮在视频号运营上显然起点颇高。为了迅速迈入视频号运营的大门,刘兴亮开始了视频号热启动。

1. 自带流量

刘兴亮本身就是一个自带流量的人,他是公众号"刘兴亮时间"的创始人,泛科技视频节目《亮三点》的出品人,DCCI互联网研究院院长,CCTV财经频道特约评论员,西南交通大学客座教授,且出版了《区块链在中国:它将如何颠覆未来》《创业3.0时代:共享定义未来》《智能爆炸:开启智人新时代》等多本书籍,在互联网领域有一定的知名度。

与此同时,刘兴亮在微博上也有一定的粉丝基础。

2. 社群宣传

刘兴亮还在自己的微信公众号文章中宣传其视频号。首先,目前他有5个微信个人号,覆盖1万多人,可在朋友圈发布视频号内容进行引流;其次,他还建有自己的社群,如"刘兴亮核心用户群""刘兴亮视频号群"等,他自己也加入了数百个微信群,利用这些社群,可以将自己的微信视频号内容扩散出去。

2.1.2 "7+2+1"配置,打造立体"人设"

刘兴亮的视频号内容采取了"7+2+1"的配置,如图2-1所示。

刘兴亮在总结优质视频号内容时总结过,优质视频号内容需要具备3点特性:时效性、知识性和趣味性。而他的"7+2+1"配置,恰好分别对应了这3点特性,即"7"对应时效性,"2"对应知识性,"1"对应趣味性。这样,刘兴亮在撰写短视频脚本时,就非常明确哪些内容需要突出哪一特性,或需要三者兼顾。

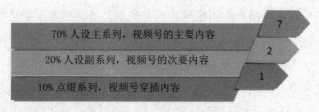

图 2-1 "7+2+1" 配置

1. 70% 人设[1]主系列,突出时效性

刘兴亮视频号中 70% 的内容是他的核心品牌节目《亮三点》,在这个系列中,他聚焦科技互联网领域的各种动态,预测科技前沿趋势、发表观点和看法。例如,"给私域经济亮三点""新首富诞生""互联网公司的花名"等。

在"亮三点"系列短视频中,刘兴亮的口头禅"我来亮三点",来源于其节目《亮三点》。在每期节目中,他都会提出 3 个观点,即左一点、右一点、下一点。而"亮"字,除具有"亮出观点"的意思外,还与刘兴亮的名字相契合。

例如,刘兴亮在主题为"中国音乐新消费已然起飞"的短视频中,是这样"亮三点"的。

腾讯音乐 Q3 财报已出,单季度总营收、净利润再创新高。腾讯音乐为什么能做到强势增长呢?我来亮三点。

左一点:比起业绩数据,我更关心两个业务数据,一个是付费用户数达到了 5170 万,另一个是付费率达到了 8%,都实现了中国音乐的历史性突破。腾讯音乐娱乐集团通过这么多年行之有效的付费策略,开启了音乐有价时代,这不仅是他们一家公司的价值,更是中国音乐的里程碑。

右一点:双轮驱动,左边这个轮子是与更多国内外音乐唱片公司合作,不断丰富音乐内容;右边这个轮子就是不断提升产品的视觉效果、

---

1 人设:人物设定,在本文中指短视频出镜人物的形象设定。

互动性、社交性。

下一点：进一步释放音乐新生产力，战略性布局长音频、TME live[1]等新业务……美妙的音乐让我们的耳朵在飞，创新的模式让中国音乐新消费起飞。

这些短视频内容的时效性非常强，通常是某一事件发生不久，刘兴亮就针对这一事件发表了自己的看法，既结合时事，获取了关注这些事件的人的关注，又阐述观点，让观看短视频的人能有所收获。

通过"亮三点"的方式，刘兴亮打造了一个睿智、幽默、风趣而又犀利的互联网科技点评大师的"人设"。

2. 20%人设副系列，突出知识性

当刘兴亮工作较忙，无法日更短视频时，通常会发布一些系列性的、时效性不强的内容，如"那些消失了的经典软件""亮话区块链""走进智能家庭"等系列短视频。这些短视频大概占据了刘兴亮视频号内容20%的比重。

将视频号内容策划成系列，可以使视频之间相互成就，反复增加播放量。例如，刘兴亮的系列短视频"那些消失了的经典软件"，是一个非常能激发用户回忆的作品。很多用户在偶然看完其中一个视频后，会意犹未尽，然后点击话题，跳转到话题聚合页，将剩下的短视频都看完，有些用户还会积极互动，留言建议刘兴亮再讲一讲某个软件。

这部分短视频也是围绕刘兴亮的主"人设"打造的，对巩固刘兴亮在用户心中的形象具有辅助作用。在这些短视频中，刘兴亮往往更加放得开，或"自黑"，或"搞笑"，幽默诙谐，人物形象更加立体。

例如，在"走进智能家庭"系列短视频中，刘兴亮就谈到智能家居还是不够智能。为了支撑这个观点，他举了如图2-2所示的例子："我家里的智能电饭煲，我把米淘好放进去，却忘了按开始键，等到了饭点，

---

1 TME live：腾讯音乐集团全新推出的全景音乐现场娱乐品牌。

米还是生的。"然后画面一转,是刘兴亮对着智能电饭煲说:"当我把电源插上、把米放进去,你就不能理解理解我?我要吃饭!吃饭!"

图 2-2　刘兴亮视频号内容

这 20% 的次要内容,作为"存货"类短视频,既能保证刘兴亮保持每日更新的频率,也能辅助打造其鲜活的人物形象。

3. 10% 点缀系列,突出趣味性

为了使人物形象更"接地气",刘兴亮还设置了 10% 与家庭生活相关的内容。例如,他非常受欢迎的"亮父亮女"系列短视频,大多播放量都达到了 10 万+。

这部分短视频取材于刘兴亮的日常生活,记录他对女儿和家庭的爱。例如,在"亮父亮女"系列短视频中,刘兴亮给正在放暑假的女儿写了一封信。信中,他表达了对女儿的欣慰、自豪之情,以及最恳切的希望,他希望女儿充实、开心,脑子里充满奇思妙想,也希望女儿多读书,读自己喜欢的书,如图 2-3 所示。

通过这封信,就能看出刘兴亮对女儿的爱,这种生活类的短视频,对他的视频号人设打造起到了很好的点缀作用。

这 3 部分内容，帮助刘兴亮打造了一个立体、生动的形象，人们看完他的视频号，立刻就会对他留下深刻印象。

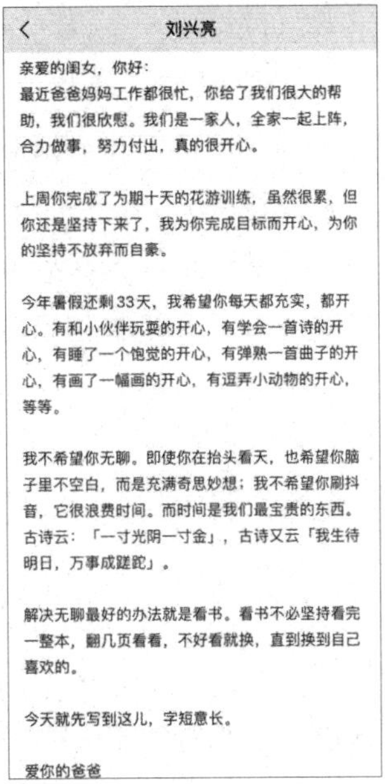

刘兴亮

亲爱的闺女，你好：
最近爸爸妈妈工作都很忙，你给了我们很大的帮助，我们很欣慰。我们是一家人，全家一起上阵，合力做事，努力付出，真的很开心。

上周你完成了为期十天的花游训练，虽然很累，但你还是坚持下来了，我为你完成目标而开心，为你的坚持不放弃而自豪。

今年暑假还剩 33 天，我希望你每天都充实，都开心。有和小伙伴玩耍的开心，有学会一首诗的开心，有睡了一个饱觉的开心，有弹熟一首曲子的开心，有画了一幅画的开心，有逗弄小动物的开心，等等。

我不希望你无聊。即使你在抬头看天，也希望你脑子里不空白，而是充满奇思妙想；我不希望你刷抖音，它很浪费时间。而时间是我们最宝贵的东西。古诗云：「一寸光阴一寸金」，古诗又云「我生待明日，万事成蹉跎」。

解决无聊最好的办法就是看书。看书不必坚持看完一整本，翻几页看看，不好看就换，直到换到自己喜欢的。

今天就先写到这儿，字短意长。

爱你的爸爸

图 2-3 刘兴亮给女儿的一封信

2.1.3 商业驱动：3 大方式，实现视频号盈利百万

在一次采访中，刘兴亮曾提到，短视频直播已经帮他盈利 7 位数。如何通过运营视频号实现盈利，是很多视频号博主非常关注的问题。获利越多，运营者越愿意在视频号上投入精力和热情。刘兴亮主要通过广告直投、知识付费和直播带货，实现了靠视频号盈利百万元。

1. 广告直投

广告直投，是指一些科技类品牌会邀请刘兴亮在视频号中讲解、点评他们的产品，以这种方式，扩大品牌知名度。

2. 知识付费

知识付费的方式有两种，第一种是通过视频号引导用户付费阅读，第二种是开展付费咨询。

（1）付费阅读

刘兴亮曾利用"视频号+公众号付费文章"模式，成功完成了从视频号到公众号文章的用户导流，这次导流使公众号文章的总阅读量超过4万，直接收益超过1.7万元。他在视频号下方添加公众号文章链接，引导用户进入公众号后支付3元进行付费阅读，如图2-4所示。

图 2-4 刘兴亮视频号导流链接

这篇《如何抓住视频号的机会？我给9点建议》的付费文章，获得了意想不到的效果，相关数据如表2-1所示。

表2-1 刘兴亮公众号付费文章相关数据（截至2020年12月15日）

数据项	数据
阅读量	4.4万
付费人数	5455人
付费率	约12%
付费收入	16365元
赞赏人数	98人
赞赏收入	约1000元
"在看"数	573人

（2）付费咨询

付费咨询，是指刘兴亮为其他用户进行答疑解惑。其付费咨询的价格较高，通常为800元一次。

3. 直播带货

2020年10月，刘兴亮第一次在视频号直播，主题为"视频号王炸来了"。这次直播的准备过程非常匆忙,晚上 8:00 直播,下午 2:00 刘兴亮在公众号发布了宣传推文,下午 3:00 在视频号发布了预告。

在第一次直播中,刘兴亮主要在教其他用户如何运营视频号,如何进行视频号直播,穿插了一些书籍的售卖、付费咨询和盲盒售卖,总销售额超过 3 万元。但在这次直播中,也出现了一些问题,如直播间的互动字幕太小,用户可能看不清楚;小商店里的商品发货按钮失灵等。

通过这次直播,吸取了经验刘兴亮对直播进行了一些优化。例如,直播前几天,他就在其视频号主页设置了直播预告,想观看直播的用户可以点击预约,既起到了宣传作用,也便于统计对直播感兴趣的人数;同时,货品也都提前确认到位。

视频号互联网类博主 TOP 10

互联网类博主 TOP10

罗永浩
刘兴亮
陈佳佳 62888
大驰的思考空间
社群策划人阿董哥
贾克布 Jacob
刘大猫分享
白玉珊
潘幸知呀
老冀说科技

2.2 李筱懿：日均涨粉 3000~5000 的女性成长领头人（文化类博主）

公司组织团建时，开展了一场"裸心会"[1]，在被问及未来想成为什么样的人时，很多女性都表示想成为独立、自主、有见识又温柔大方的人，既能够独当一面，在职场上叱咤风云，也能够兼顾家庭和生活，给孩子良好的教育，与丈夫和谐相处，不囿于柴米油盐酱醋茶中而日渐消磨自己。

但她们不知该如何达到这种状态，于是笔者告诉她们："你们不妨看看李筱懿的视频号，那里可能有你们想要的答案。"

李筱懿或许就是这些女性描述的样子。

从如图 2-5 所示的短视频中，我们可以看到她优雅、知性，谈吐不凡却又丝毫没有拒人于千里之外的倨傲感，反而令人感到体贴与温暖。

图 2-5 李筱懿的短视频

2.2.1 从公众号到视频号的完美跨越

2014 年，李筱懿出版了女性励志文集《灵魂有香气的女子》，同年，创办了同名公众号"灵魂有香气的女子"。该公众号经营 6 年以来，最鼎盛时期广告电商月 GMV[2] 达到了 2000 万。

但近三年来，公众号流量日趋缩减，依靠公众号广告的电商营收比

---

1 裸心会：团队成员互相敞开心扉、倾诉自己内心想法的畅谈会。
2 GMV：Gross Merchandise Volume，网站成交总额。

例持续下降,利润空间不断缩小。这让李筱懿意识到,"流量不在你这,如果自己不突破,就没得选"。

2020年年初,微信视频号上线后,李筱懿觉得这是一个必须抓住的机会。2020年4月,李筱懿的视频号正式开通。李筱懿亲自出镜,从情景剧出发,引申出一些助力女性成长的道理,核心主题是"每天给女孩讲一个故事",延续了公众号"灵魂有香气的女子"的内容基调,穿插一些古今知名女性的故事,看完后令人印象深刻。

视频号官方后台数据显示,李筱懿从2020年11月1日起,至2020年12月9日,共有5条短视频获赞量达10万+,如图2-6所示;在李筱懿的49个作品中,累积获赞量为121.74万个,平均获赞数约24844个。运营大半年后,李筱懿视频号的日新增粉丝数达到3000~5000个,单条视频平均阅读量约100万;在"2020中国首届视频号年度峰会暨金视榜颁奖典礼"上,李筱懿在文化类博主TOP10榜单中排名第一。

图2-6 李筱懿点赞量10万+的视频

这份成绩单,无论是与刚刚崛起的视频号优秀内容创作者比,还是与其他短视频平台上的头部运营者比,都毫不逊色。

2.2.2 定位精准,助力新中产女性成长

李筱懿及其团队刚刚开始制作视频号内容时,经历了一个试错阶段,之后才逐渐让账号定位清晰化。

1. 用户定位，关注7000万新中产女性

李筱懿是一位作家，其作品类型多为女性感悟散文、女性励志散文，如《灵魂有香气的女子》《先谋生，再谋爱》《在时光中盛开的女子》等，这就决定了其读者也多为有一定文化水平的女性。为此，李筱懿也特意将自己的微信公众号"灵魂有香气的女子"打造成新中产女性成长平台，内容主要围绕新中产女性展开。

据埃森哲[1]相关统计数据，中国有4亿20~60岁的女性消费者，她们每年的消费潜力高达10万亿元人民币。中产女性一般是指30~39岁的女性，有7000多万人，她们在社会中承担更多责任，注重生活品质，懂得更好地取悦自己。

这些女性的消费具有5大趋势，如图2-7所示。

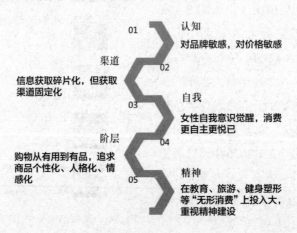

图2-7 新中产女性消费的5大趋势

李筱懿打造的"灵魂有香气的女子"公众号，恰好满足这些新中产女性的偏好。通过阐述女性自主、独立等故事，满足新中产女性的精神需求，也帮助新中产女性觉醒自我意识，能够更加自主地实现自己的人生价值。因此，"灵魂有香气的女子"公众号汇聚了一大批典型的新中

---

1 埃森哲：一家提供管理咨询、信息技术和业务流程外包服务的跨国公司。

产女性用户。

李筱懿转战视频号初期,就曾因脱离这一用户定位导致视频号内容效果欠佳。

起初,李筱懿选择了10个行业,将这些行业中典型女性的故事拍摄成短视频,包括清洁工、小吃摊主、月嫂等。

视频发布后李筱懿与团队一起进行复盘,发现反响平平。主要原因是清洁工、小吃摊主、月嫂等行业,从事者相对小众,无法引发广泛共鸣,与其以往的新中产女性用户定位完全不符。

随即,李筱懿开始调整策略,分析新中产女性的喜好。接着,她推出了一条与自己切身相关的视频,主题为"瘦了6斤的我中午都吃什么"。在这条视频中,李筱懿展示了自己的午餐,还暴露出自己喜欢边吃饭边看一些节目的"小癖好",一下就拉近了与粉丝的距离,也符合新中产女性关注的"瘦身""塑形"等话题定位,如图2-8所示。

图2-8 李筱懿"瘦了6斤的我中午都吃什么?"短视频界面

至此,李筱懿视频号关注新中产女性的用户定位逐渐清晰并确定下来。

2. 内容定位:平和克制的正能量

用户定位的明晰为内容打造提供了方向。针对新中产女性对内容的偏好,李筱懿将视频号内容定位在女性职场、情感、生活上,以闺密、姐姐的身份,帮助女性解决生活中的问题,旨在帮助新中产女性打破束缚、向上生长。

她将自己的生活经历拍成短视频,用生活中的小事阐明成长的道理。

例如,她在一条主题为"你是苦也能抗,乐也能享的姑娘吗"的短视频中,这样说道:

"女人什么样的状态最好?要我看,那就是既能穿高跟鞋游刃职场,也能换跑鞋纵情人生;能在巴黎吃法餐,也能在路边摊吃馄饨;上能讲PPT,下能去街边发传单;既有勇敢的朋友,也有厉害的对手;既有坦荡果断,也有秀气温柔;对过往情深义重,却从不回头,对未来信心满满,却不好高骛远……"

这条视频的点赞量超过了10万,视频中李筱懿饱满的精神状态及乐观向上的生活状态引起了很多女性的共鸣。很多女性在看完她的视频后,纷纷表示要向她学习,如图2-9所示。

但这些内容的打磨也并不容易,因为李筱懿输出的价值观,需要把握好尺度,否则将适得其反。

图2-9 李筱懿短视频评论区

李筱懿曾经在视频号中尝试用比较夸张的情绪传达励志精神,用劝解的语调描述了自己每天早上4:45起床,坚持6年后的变化。这条视频点赞量迅速突破10万+,但恶评也像潮水一样涌来。

李筱懿意识到,这种夸张的语调和内容,虽然能迅速吸引流量,但很容易被曲解,被用户认为在"夸大""作假"。要想将自己的视频号打造成天花板级别的超级IP[1],输出的价值观必须更为平和克制,且一定要具有正能量。

于是,李筱懿开始对自己的视频号内容进行精雕细琢。

---

1 IP:Intellectual Property,原意为知识产品,指个人对某种成果的占有权,在互联网时代,它可以指一个符号、一种价值观、一个共同特征的群体、一部自带流量的作品。

首先，她将此前略显生硬的视频号封面字体换成了看起来更加温柔、细腻的字体，如图 2-10 所示。

图 2-10　李筱懿视频号封面字体的转变

其次，李筱懿的视频号在内容选取上更加柔和、更加生活化。从偏见、野心、不公等具有诸多争议的话题，转向"多学一项本事，少求一次人""富足不只来自金钱，更来自有心力帮助别人"等充满正能量，且更符合人们普遍价值观的内容。

最后，为了避免用户产生"审美疲劳"，李筱懿在视频号中穿插了一些古今中外知名女性的成长故事，将她们的特质、精神传达出来。

例如，她通过讲述演员袁泉数十年如一日坚持在舞台上表演话剧的故事，告诉女孩想要持续的掌声，就请先放弃眼前的虚荣；通过讲述诗人叶嘉莹在坎坷的一生中历经打击却坚持写诗的故事，告诉女孩坎坷与苍凉不会将人击垮；通过讲述郎平从不在媒体上提到自己家人的故事，告诉女孩不要将痛苦转嫁给家人……

这些通过故事传递出来的态度、哲理和价值观，都在潜移默化中给看到这些短视频的女孩以心灵的启迪，告诉她们如何成为更优秀的人。

3. 产品定位：以图书为主的多元化商业想象空间

2020年11月9日晚上8：00，李筱懿在视频号进行了直播带货首秀，李筱懿说："第一次带货，不知道要做什么的时候，就想我擅长什么，做什么最不费劲。"

"因为我是作家，我对阅读保持发自内心的喜爱，即便做这事儿不挣钱。"在选品逻辑上，李筱懿考量了自身爱好、特长及用户需求，"阅读并且热爱生活也是我们的用户群体的刚需。"最终将图书定为主要带货产品。

最终，直播成果超出李筱懿及团队的预期：3小时18分钟的直播，观众6.5万人，出单量近2万，图书总成交码洋[1]达190万。这次直播的成功，可归功于以下3点原因。

（1）选品契合、供货充足

李筱懿在直播前，特地联系了专业的出版传媒公司果麦文化，让他们协助进行选品与供货。在果麦文化专业团队的帮助下，李筱懿选择了1200本契合自身用户定位的书籍。

（2）预热到位、宣传有效

在直播前的预热阶段，李筱懿首先在11月5日的一篇微信公众号推文里预告了自己的直播，并表示将会把"压箱底的读书干货"分享给粉丝。

紧接着，李筱懿的团队开设了一百多个直播预告群，在社群中发布直播海报，直播当天90%的流量都来自社群。

在直播宣传海报中，李筱懿团队将此次直播主题定为"成为快速阅读高手，Get100本好书"，非常直观、明确地告诉了粉丝直播的主要内容，有利于吸引对阅读感兴趣的垂直受众。

（3）名人助力、活动吸引

---

1 码洋：全部图书定价的总额。

在这次直播中,李筱懿邀请了果麦文化董事长路金波和专攻阅读的视频号博主"十点林少"作为嘉宾,并推出了千本图书1折秒杀的活动,打出了"1200本,低至1折,9.9秒杀"的广告语,除此之外,还有50本网红文化日历《诗画历》作为免费福利。

这场直播给李筱懿和团队带来了信心,她喜欢将自己打造成"视频号图书带货第一女视频号运营者",这与她自身的粉丝定位、内容定位相符,市场前景也十分广阔。同时,她认为书籍中涉及的场景非常丰富,如日常的衣食住行等,都有可能出现在书籍内容中,围绕书籍内容可以进行很好的延伸,在直播中"顺便"销售其他产品。李筱懿将持续打造一个以图书为主,多元化的商业道路作为自身发展目标。

2.2.3 线上、线下全面搭建 IP 矩阵

纵观李筱懿的视频号运营过程,可以发现,这并不是一个单渠道发展的过程,而是线下、线上多重渠道并行的个人品牌打造过程,如图 2-11 所示。

1. 线下:拓展业务渠道,获取知名度

在线下,李筱懿本身是一位畅销书作家,出版了多本畅销书籍,拥有一批忠实读者,知名度较高。同时,李筱懿还策划了自己的节目《听她说》《凌晨便利店》等,担当主持人、出品人,也有利于扩大她的知名度。

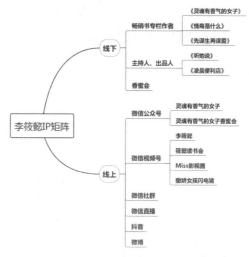

图 2-11 李筱懿 IP 矩阵搭建

李筱懿运营的"灵魂有香气的女子"公众号，衍生出"灵魂有香气的女子香蜜会"。"香蜜"可理解为"灵魂有香气的闺密"，而"香蜜会"汇聚了全球各地的闺密们。

李筱懿及其团队，已经在全球77个城市插上了香蜜会的小旗帜，她的粉丝能够在居住地找到线下组织，平日里可以参加各种各样不同的文化娱乐活动，如读书会、旅游、观影、穿搭、插花、茶艺等。通过香蜜会，粉丝可能会成为志同道合的玩伴、朋友，能够丰富她们的周末生活，体验不同的生活方式，获取不同领域的知识或参加社会公益活动。

李筱懿还会不定期地加入香蜜会活动，与粉丝近距离交流、沟通，不断维系、巩固粉丝群体，也能够扩大自己的线下知名度。

2. 线上：各平台通力合作，打造互联矩阵

李筱懿在线上搭建了微信公众号、微信视频号、微信社群、微信直播、抖音、微博等全方位的IP互联矩阵。

（1）微信公众号

微信公众号是令李筱懿最早"出圈"的互联网账号，直到现在依旧牢牢占据李筱懿IP矩阵的重要位置，许多"老粉"都是通过微信公众号熟悉李筱懿的。

通过微信公众号，李筱懿可以发布微信视频号相关宣传内容，将公众号粉丝导入视频号中，提高其视频号的热度。

（2）微信视频号

李筱懿除运营以自己名字命名的视频号外，还搭建了女性影视类垂直账号"Miss影视圈"，都市年轻女性穿搭类账号"撒娇女孩闪电猪"，以及专注李筱懿个人书籍解读的账号"筱懿读书会"等视频号。

这些视频号之间进行互动，如@对方或评论对方、推荐对方等，能够帮助李筱懿抓住更多垂直用户。

同时，微信视频号上的每条内容，都可链接到微信公众号，用户在看到自己感兴趣的标题时，就会随手点进微信公众号，也提高了李筱懿微

信公众号的热度,如图 2-12 所示。

(3)微信社群

微信公众号和微信视频号的粉丝,被大量引入李筱懿的社群中,成为其私域流量。目前,李筱懿及其团队打造了近百个微信社群,社群中的用户已经成为李筱懿的忠实粉丝。

微信社群是一个非常好的宣传阵地,视频号内容发布后,可直接转发至微信社群,每次直播前,还可以利用社群进行直播预热和宣传,保证直播效果。

(4)抖音与微博

在抖音和微博这两大平台上,李筱懿也吸引了不少粉丝,成为李筱懿一部分流量的来源。

这些平台账号可以互相引流、通力协作,帮助李筱懿打造属于自己的 IP 矩阵,吸引了众多粉丝,让她成为流量本身。

图 2-12 视频号引流至微信公众号文章

2.3 十点读书林少:垂直赛道领跑者(文化类博主)

同为知识性内容创作者,笔者与林少相识已久。林少是厦门十点文化传播有限公司创始人,其运营的"十点读书"是基于微信公众号的读书分享自媒体。目前,"十点读书"已经坐拥千万读者,发布的原创内容几乎篇篇阅读量达到 10 万 +,日均阅读量达 700 万 +,旗下的数十个矩阵号如"十点读书会""她读"等,全网粉丝合计已达 5000 万 +,商业估值近4亿元。

如今，林少转战视频号，依旧领跑图书阅读赛道，是在垂直领域[1]将内容做到极致的典范。

2.3.1 好名字价值百万粉

林少转战视频号，首先从名字的改变开始。因为视频号主要内容为林少本人出镜介绍书籍，所以视频号的名字最终定为"十点读书林少"。这个名字本身就值得剖析，为林少成功运营视频号打下了坚实的基础。

1. 突出账号定位

"十点读书林少"这个名字可分为3个部分，即十点、读书、林少。首先，"十点"是林少公司名称及大IP"十点读书"的简称，强调了晚上10:00是读书的好时候，给用户营造了读书的场景；其次，"读书"进一步体现了该视频号的定位，让用户一眼就能知道这是一个围绕"读书"展开的视频号；最后，"林少"是指十点读书的创始人林少，带有创始人姓名的视频号名字更有助于在朋友圈扩散。

2. 符合搜索习惯

在浩瀚的信息海洋中，用户为了更快速地获取最想了解的信息，往往会采用"搜索"这一方式，输入关键词后，根据搜索结果，选择自己感兴趣的内容。对于喜欢阅读和对书籍感兴趣的用户而言，"读书"这一词汇，是他们经常搜索的关键词，如此一来，"十点读书林少"这个名字无疑增加了林少在用户面前"曝光"的机会，为林少获得更多流量奠定了基础。

3. 利于培养用户习惯

十点、读书和林少，这3个本来毫无关系的词，被组合在一起之后，会让用户产生一种"晚上10:00就应当与林少一起读书"的感觉，有利

---

[1] 垂直领域：垂直即纵向深层次，行业垂直领域即只专注于某一行业或某一部分内容。

于培养用户在特定时间与林少一起读书的习惯，使用户成为忠实粉丝。

给视频号起一个好名字，是林少视频号打出知名度的第一步。

2.3.2　好内容稳固垂直市场

十点读书林少这一视频号，延续了"十点读书"公众号这一图书垂直领域，与书籍、知识相关的内容，是林少视频号的首选。

视频号运营者在选择垂直领域时，可以从以下3个领域中选择。

第一个领域是自己的专业技能领域，如林少选择了自己擅长的阅读领域，而笔者选择了一直从事的教育、培训领域。视频号运营者选择自己擅长的专业技能领域，会比选择不熟悉的领域更具专业优势，也更容易培养运营者的信心，增强运营的底气。

第二个领域是自己现在所处的阶段，包括考研阶段、考公阶段、大学阶段、留学阶段、新婚阶段等，运营者进入这些垂直领域，发布与这些领域相关的内容，会令用户具有强烈的代入感，更容易吸引同处该阶段的用户。

用户在进入这个阶段之前，可能对该领域的事物不感兴趣，一旦他们的身份转变，对于该阶段内容的需求将会大幅增加。例如，视频号"郭郭的打怪日记"选择了与自己现阶段身份相契合的领域——"宝妈"领域，吸引了一些同样处于该阶段的用户的注意，一些"宝妈"为了更好地教育孩子，会大量学习家庭教育知识。

第三个领域是自己的兴趣领域，视频号运营者在选择垂直领域时，还可以从自己的兴趣爱好入手，如军事、美食、游戏、运动、阅读、电影、旅游等。兴趣爱好几乎每个人都有，进入这些领域能够吸引众多热爱该领域事物的用户，且兴趣爱好通常不会轻易改变，用户对这些内容的喜欢不具有很强的阶段性，而具有长远性。

一旦进入某一垂直领域，视频号运营者就要始终围绕这一领域发布内容，以垂直领域作为核心内容输出点，并保持长期的内容输出。经常更换内容方向不仅无法吸引更多粉丝,也不利于维系既有粉丝。

在这个物质消费升级、人们越来越追求满足精神文化需求的时代,林少找准时机,直奔阅读类垂直市场,并在各种精神媒介内容质量良莠不齐的背景下,始终坚守"为读者挑选优质文章"的宗旨,保持优质原创内容的持续输出,为视频号持续吸粉奠定了基础。

在选择每期讲解的图书时,林少会分析用户心理,找出用户普遍面临的"痛点"问题,然后以图书拆解的方式帮助用户解决这些"痛点"。

例如,现在很多人渴望"一夜暴富",希望能获得成功,却发现自己怎么也做不好。林少结合这一问题,为用户拆解图书《冯唐成事心法》,最后告诫用户,脚踏实地做好一件事,比急功近利地去追求成功更重要。

2.3.3 好方法沉淀三重流量

在视频号创业平台上,离不开一个万能公式:收入=流量×转化率×客单价。而影响收入的最基础因素,便是流量,有了流量,才能带来转化,才能获得收入。

林少在运营视频号时,通过以下3种渠道获取流量,增加了自己的视频号的曝光度。

1. 借助公众号引流

林少的公众号"十点读书"拥有千万粉丝,是一个巨大的流量池。当公众号文章中可以插入视频号动态卡片时,林少开始在公众号文章底部插入其视频号内容,将公众号粉丝引流至视频号。

2. 借助社群引流

对于林少这类企业或品牌创始人而言,最大的优势是他们积累了丰富的社群资源。

首先,林少借助此前积累的诸多社群,分享自己的视频号,利用视频号的社交推荐机制,扩大视频号内容传播范围。

其次，通过将社群账号、个人微信号公开在视频号的个人简介或短视频内容中，林少将来自视频号的新流量再次引入自己的社群，成为自己的私域流量。

如此一来，林少的社群流量越来越多，且这些流量可以反复利用，不断扩大影响力。

3.借助其他名人流量

林少在运营视频号时，经常会与其他视频号运营者合作，通过这种方式，既能学习到其他运营者值得借鉴的运营方法，又能获得其他运营者的部分流量，同时还能对这些运营者进行宣传，实现双向引流，可谓"一举三得"。

例如，林少与"郝姐她会玩""王不烦来了""李筱懿""小小包麻麻"等众多视频号运营者都进行了合作。合作的形式包括林少在短视频中介绍这些视频号运营者，引导用户关注他们；和这些视频号运营者联合直播，为双方"吸粉"等。

此外，林少与十点读书还发起了一个阅读公益行动"向世界安利1000本书"，邀请了50位名人"领读人"参与这次活动，包括刘心武、郎朗等名人、明星。通过邀请这些名人参与读书活动，林少也可以收获更多流量。

视频号文化类博主 TOP 10

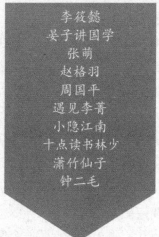

文化类博主 TOP10

李筱懿
晏子讲国学
张萌
赵格羽
周国平
遇见李菁
小隐江南
十点读书林少
潇竹仙子
钟二毛

2.4 萧大业：单条视频播放量 1.8 亿背后的奥秘（教育类博主）

2020年11月21日，笔者受邀参加了"2020中国首届视频号年度峰会暨金视榜颁奖典礼"。在这次峰会上，关注视频号领域的众多知名企业家、投资人、专家学者及来自全国各地的数百位视频号运营者欢聚一堂，就视频号的发展现状、未来趋势，以及视频号的商业模式与投资机会，展开了一系列的经验分享和观点碰撞。

在这次峰会中,有一位视频号头部运营者令我印象深刻。在一众中青年视频号运营者中,一位年纪稍大的长者引起了众人的关注,他侃侃而谈、字字珠玑。更令人意外的是,这位长者不仅在本次颁奖典礼上获得了"最具人气奖",还是教育博主 TOP10 中的一位,名叫萧大业,自称"大爷"。

会后,我特意关注了这位"大爷"的视频号,惊奇地发现他的粉丝数量有 10 万+,且视频号点赞量都很高,其中一条的播放量达到了 1.8 亿,点赞量达到了 10 万+,评论量达到了 5.8 万,如图 2-13 所示。

图 2-13 萧大业视频号

一位年近半百的"大爷",如何在新兴短视频行业"杀"出一条血路,成为视频号头部运营者,背后的奥秘亟待发掘。

2.4.1 "所有的伟大,都源于一个勇敢的开始"

在颁奖盛典上,萧大业说:"我从国企出来,到后来自己做公司,各种折腾,到现在玩视频号,都贯穿了一个道理,那就是所有的伟大,都要有一个勇敢的开始。"

萧大业曾经很抵触利用互联网进行内容创作,认为互联网是年轻人才玩的时髦东西,也因此错过了微博、抖音、快手等互联网产品的红利期。但在 2020 年年初,被隔离在家的几个月里,萧大业为了打发时间,开始接触视频号。后来他发现自己勇敢走出第一步之后,原来也能像那些互联网 KOL 一样,把视频号玩好。

萧大业在视频号上发布的第一条短视频，很明显没有经过精心设计，由于被隔离在家，这条视频并不是当下拍摄的，而是以前的。视频也没有进行精细剪辑，只在原有视频上加了字幕，如图2-14所示。

但就是这么一条简单的短视频，拉开了萧大业视频号运营的帷幕。在这条短视频的文案中，萧大业写道："萧大业，一个爱音乐，爱旅行，非常有趣，很有故事的企业管理咨询师，每年一半的时间在世界各地旅行，一半的时间在全国各地授课，有趣的生活与你分享，管理的智慧伴你成长。关注我，生活更有趣，管理成高手。"

图2-14 萧大业发布的第一条短视频

通过文案，我发现萧大业这条看似简单的短视频，实则暗藏玄机，他不仅通过这条短视频介绍了自己，也告诉了其他用户这个视频号的主打内容，对其视频号进行了精确定位。而且通过这条简单的短视频，他给其他用户留下了一个精神矍铄的"老爷子"的形象。

萧大业的视频号就是一个"超级广场"，在这个广场上，12亿微信用户可以互相联通。萧大业说："因为视频号，我现在去很多地方，只要发个朋友圈，就有很多人要请我吃饭。"

在萧大业看来，人生从没有太晚的开始，太晚的是你从未开始。

2.4.2 "视频号最终会成就一批坚持的长期主义者"

萧大业在颁奖盛典上曾说过这样一句话："视频号最终会成就一批坚持的长期主义者。"事实上，在运营视频号时，萧大业也是这样做的。

1. 持续的优化与迭代

早期萧大业的短视频内容，其实并没有形成固定的风格。在他的第二条短视频中，将短视频主题以黑底白字的形式置于短视频上方，下方字幕也是黑底白字的形式，在视频中却配有几个卡通的表情包，这给人的第一感觉便是不伦不类，如图 2-15 所示。

显而易见，这种风格的短视频反响平平，也很难给人留下深刻印象。于是萧大业对视频的呈现方式进行了改进。他去掉了黑底白字的主题展示方式，换成了黄底白字这种较为显眼且能够迅速突出主题的主题展示方式，如图 2-16 所示。

图 2-15　萧大业的第二条短视频

但这种展现方式同样效果欠佳，于是在不断摸索后，萧大业尝试使用如图 2-17 所示的视频展现形式。

图 2-16　萧大业的第四条短视频

图 2-17　萧大业的第七条短视频

在这条视频中,萧大业将自己的视频号名称以黄底黑字的形式置于画面右上角,利用占据了画面中心一半位置的篇幅,将短视频主题凸显出来,非常醒目。这条视频非常火爆,点赞量超过 8000,评论量也超过了 400。

这条短视频的成功,让萧大业逐渐确立了短视频的展现形式。他的短视频封面文字都开始使用这种鲜明、醒目的字体。

上述视频的展现形式虽然醒目,但遮挡了大部分画面,于是他又进行了如下改进,如图 2-18 所示。

这条短视频的展现方式延续了其以往风格,并将主要内容"搭讪"进行了突出显示,更能使人印象深刻。

以往在视频结尾处,萧大业都是号召用户关注他,或是双击视频点亮小红心,但从下面的一条短视频开始,萧大业开始采用"爱大叔不如爱大业"这句话作为每个视频的结尾,如图 2-19 所示。

图 2-18　萧大业短视频展现方式改进　　图 2-19　萧大业短视频结尾

这句话将自己定位为"大爷",不但拉近了自己与用户的距离,还形成了自己独特的 Slogan,在用户心中留下了深刻印象。

就是在这样不断地优化和迭代中,萧大业不断寻求传播效果更好、更适合自己的短视频展现方式,也因此更受用户青睐。

2. 坚持更新

萧大业一直坚持每天晚上 8:00 更新。自 2020 年年初发布第一条视频号内容后,截至 2020 年 12 月 1 日,萧大业已经发布了逾 200 条视频,坚持每天发布,从不中断,还抽时间进行直播,与用户实时互动。

坚持更新对于视频号运营者来说,有以下两个作用。

(1)提高账号活跃度

视频号账号的活跃度关系着微信是否会给运营者提供更多的流量。坚持更新的账号活跃度高,就能获取更多流量;长时间不更新的账号,会被微信认为"已放弃运营",自然不会给予流量扶持。

(2)积累粉丝

许多粉丝喜欢一个博主,会希望定期看到他的视频,这个周期可以是一天、两天甚至一周,但尽量不要超过一周,因为长时间没有看到运营者的视频,用户很快就会将这个运营者遗忘。

事实上,可以发现,任何头部短视频运营者能够成功,都离不开他们的坚持。抖音上最近吸引了众多粉丝的"蜀中桃子姐",几乎每天更新一条视频,截至 2020 年 12 月 1 日,她已经拥有了超过 1900 万的粉丝。运营视频号同样如此,如果运营者"三天打鱼,两天晒网",用户很快便会对其失去兴趣。

2.4.3 一分钟浓缩一生的内容魔法

笔者在翻看萧大业的第一条短视频评论区时发现,有很多用户并不是通过他的第一条短视频认识他的,而是被他的其他短视频内容吸引后,直接将其每条短视频都看完了,再在其第一条短视频下留言,如图 2-20

所示。

是什么样的短视频内容让其他用户看得"根本停不下来"？笔者决定到萧大业的视频号中去一探究竟。

1. 一条短视频表达一个观点

萧大业在一条主题为"你为什么要关注我"的短视频中这样说道："我这一生走过的路、爬过的山、跨过的海、吃过的山珍海味、喝过的茅台、喝过的每一杯咖啡、走过的每一个地方，都浓缩在这一分钟的视频里，你看的哪里是我一分钟的视频啊，你分明学的是我这一生的精华。"

他将一些观点、做法与自己的人生经验相融合，浓缩成一分钟的短视频，通过这些短视频，传达出他的价值观、为人处世的方法，很多用户看过他的短视频后感觉受益良多，如图 2-21 所示。

图 2-20　萧大业第一条短视频的评论

图 2-21　萧大业的短视频

教育类博主很容易陷入不断输出内容，却陷入纯粹说教的困境，使得用户产生抵触情绪。但萧大业在表达自己的观点时,一直站在良师益友的角度,不是单纯地告诉用户该怎么做、不该怎么做,而是将自己的经历、一些业界大牛的故事融入观点之中,打造"痛点"场景,让用户在听故事的时候,学到一些道理。

例如,萧大业在主题为"自由的背后"的短视频中,没有说教式地告诉用户要自律,而是告诉用户,2015年12月,他放下了所有工作,除了偶尔上课外,其他时间都是在旅行。很多人在痛苦地加班时,他却在海边看日落。他似乎成为人们非常羡慕的自由人。但人们不知道的是,在自由的表象之下,他付出了多少。他不打麻将,几乎不看电视,几十岁的人还要像学生一样每天抽时间阅读和学习,经常出差,很多时候都是后半夜抵达目的地,第二天一大早就要赶去上课……最后他得出结论,这些看起来很自由的职业,其实并不自由,比规律的上班需要付出更多,需要更加自律。

这种故事性的表述方式,使用户很容易认同他的观点,并具有强烈的代入感,用户接受度极高。

2. 善于捕捉生活中的美好

萧大业那条播放量突破1.8亿的短视频,主题为"我的父亲和母亲相濡以沫"。这一条短视频与教育、管理等专业知识可谓毫不相关,却戳中了很多用户心底最柔软的部分,引起了大量用户的共鸣,大家都被萧大业父母相濡以沫的爱情感动。

萧大业在分享视频号运营经验时也提到过,现代社会中人们的生活节奏非常快,那些能够唤起人的情感和使人们内心安宁的内容,更容易获得广泛传播。就像他的父母依偎着一起去菜市场买菜,这种场景,人们在生活中通常会忽视掉,但正是这种不经设计的自然的温馨,往往更能打动人。

萧大业在创作短视频时,几乎没有设计过脚本,他通常是直接就讲,他认为"真正的传播靠的是击中人心,它是一种情感和情绪,而不是说作品有多漂亮"。

所以他非常善于捕捉生活中的美好，除了记录父母的爱情，他还记录了很多生活中平凡但深刻的事情。例如，他到上海交通大学授课，看到该校一位保安正在专心致志地练毛笔字，他凑近一看，发现这位保安的毛笔字写得非常好。这位保安沉浸在自己的练习中，就像是武侠小说中看起来平平无奇却武功高强的"扫地僧"。

这些生活中的美好事物，能够让用户产生共情，也使萧大业逐渐成为头部视频号运营者。

3. 打造饱满、鲜活的人物形象

很多视频号运营者在运营初期，为了维持良好的形象，常常更换造型，或是为了受到用户欢迎，在短视频中强行凸显自己的各种品质。这种做法很难赢得用户的喜爱。

互联网上信息多如牛毛，要想让用户喜爱一个人，首先就要让他们记住这个人。萧大业从以下3个方面出发，打造了一个饱满、鲜活的"大爷"形象。

（1）自始至终一个造型

萧大业从运营视频号以来，一直以同样的形象出镜。一副墨镜、一顶帽子、手臂交叉在一起自信而平淡地侃侃而谈，是萧大业的典型特征。在他的短视频中，除了因一年四季温度不同产生的衣着变化外，其他事物几乎没有变化。就连"大爷"出镜的背景，也通常是小区里的绿地、有雕塑的公园，风格保持高度一致。

这种形象的固化，能够迅速使用户记住他，即使他的短视频不署名，很多看过他的短视频的用户也能够一眼认出他来。

（2）与用户分享自己的兴趣爱好

"大爷"的短视频中，除了分享一些观点、管理经验，出现频率最高的就是他所演唱的歌曲。"大爷"热爱音乐，年轻时组过乐队，他喜欢将自己的兴趣爱好分享给其他用户，每隔一段时间，就会发布自己演唱歌曲的视频,如《单车》《成都》《父亲》等。

除歌曲外,"大爷"还会分享喜欢的诗歌、正在阅读的书籍等,拉近了与用户的距离,一个和蔼可亲的"大爷"形象深入人心。

(3)把粉丝当成朋友

萧大业经常与粉丝互动,互动方式包括回复评论、直播等。他在接受采访时曾提到:"我怕不太好意思讲粉丝这个词,我通常都是讲关注我的朋友。"他一直把粉丝当成朋友,他希望他的经验能够给予朋友们一定的帮助,或者让这些朋友在和他的互动中获得有用的东西。

如此一来,粉丝都觉得"大爷"非常温暖,即使身为长辈,也丝毫没有长辈的架子,反而毫不吝啬地将自己的知识、经验倾囊相授。

萧大业的造型、爱好、与人沟通的方式,都尽显"大爷"本色,恰好契合他每次视频结尾时说的:"爱大叔不如爱大业。"

2.4.4 "挣钱应是水到渠成的事情,不应急功近利"

很多短视频运营者在介绍其成功经验时,会着重强调"变现"这一环节,因为他们认为短视频运营的最终目的就是赚钱。但萧大业不这样认为,他在接受采访时曾经说过这样一句话:"视频号未来商业化的想象空间很大,但挣钱应是水到渠成的事情,不应急功近利。"

这个想法也体现在其短视频创作中。在萧大业的一条短视频中,他曾说道:"国庆节时,连续上了10天课,同行非常惊讶,奇怪他10天后为什么中气还是这么足,嗓子也不哑。他少年时听了大量的评书,听得多了自己也就能随口说上一些;年轻时进行过中长跑训练和篮球训练,练出了巨大的肺活量;还曾经组过乐队,练习了一个月正确的发声方法;但是他在学这些的时候,并不知道这些东西将来会用在他的工作上。所以一个人的能力其实是立体的,成长过程和学习更是方方面面的,你根本不知道哪些东西将来会真正在工作中用上,所以不要一学东西就问学了有什么用,不要一玩就觉得在浪费时间。"

萧大业非常强调"利他"思维，就是在创作短视频时，给用户提供有价值的东西。当内容做得好时，"变现"是自然而然的事情。如果纯粹为了"变现"去运营视频号，很多时候是无法长期坚持的。

就像他从未想过利用视频号变现，但在他运营视频号之后，他的知名度扩大，很多用户看到他的视频号内容后，就直接认可了他。

一心一意将内容做好的人，回报不知道哪天就会悄悄降临；功利心太强，只为了赚钱去运营视频号的人，反而可能得不偿失。

2.5 胡明瑜幸福心理学：独树一帜的视频号运营者（教育类博主）

近日，同在武汉的视频号运营者胡明瑜与笔者探讨了运营视频号的经验，讲述了她从2020年5月以来运营视频号的收获。截至2020年12月18日，胡明瑜共发布了99条视频，粉丝数超过8万人，视频总播放量达到1.9亿，其中有两条播放量超过8000万，总点赞数达到了680万。

胡明瑜透露，她此前从未在互联网上运营过任何账号，是不折不扣的"新兵"。她的经验，对于那些初次尝试互联网运营的用户来说，具有重要参考意义。

2.5.1 社交链接，跨界出圈

在入局视频号之前，胡明瑜就已拥有多重身份，如女性幸福力资深导师、家庭教育实战派专家、本尚书院创始人、院长等。

几年前，她几乎是一个互联网运营"小白"，有朋友推荐胡明瑜运营抖音，认为胡明瑜"具备做网红的所有条件"，彼时的胡明瑜还非常抵触，认为"网红"是一个贬义词。

2020年年初的一场危机使得胡明瑜所在的线下教育行业受困，她的工作被迫转到线上开展。此时,胡明瑜才意识到,互联网和短视频已经渗入人们生活的方方面面,想要成就事业,必须抓住这个风口。对于胡明瑜来说,刚刚开通不久的视频号是最好的选择。

作为视频号"小白",胡明瑜选择不断吸取养分。她不断参加互联网"大V"和头部博主组织的线上、线下活动,通过沟通、交流,了解互联网领域的知识。她曾说道:"感觉互联网世界和现实世界是两个独立又相互渗透的平行世界,有不同的游戏规则和运行方式,我如饥似渴地学习了很多互联网的理念、方法,对于自己公司未来的线上发展更有信心。"

胡明瑜十分敬佩那些努力的互联网"大V",他们已经成绩斐然,却依旧保持初心,不断奋进。

2.5.2 电台口播形式,放大声音优势

在视频号运营初期,对于视频号内容的呈现形式,胡明瑜做过多种尝试。

一开始,她想拍摄与家庭关系有关的情景剧,还专门租了一套公寓,请了专业摄影师,自己撰写脚本,与公司同伴共同演出,耗费了大量精力,但效果一般,播放量等数据欠佳。胡明瑜复盘后发现这种形式难度很大,并不适合她这种新手。

后来,胡明瑜先后尝试了一人口播、两人对话问答、电台口播这3种形式。2020年6月初,她的一条电台口播形式的短视频突然火了,播放量很快超过百万。于是她紧跟形势,采用电台口播的形式又创作了几条短视频。通过分析数据,发现这种形式创作的短视频比之前的短视频播放量高出不少,于是胡明瑜决定专注于电台口播形式。

胡明瑜选择电台口播形式,除了这种形式的视频反响不错外,还与她本人的性格相关。电台口播形式对于她而言,具有以下3种优势。

1. 创作过程简单

大学毕业后，胡明瑜曾任湖北人民广播电台节目主持人，对于电台口播非常熟悉，很快就能上手。同时，电台口播只需要胡明瑜个人出镜，无须复杂的场景布置，拍摄、剪辑起来也较为方便，非常适合胡明瑜这样的新手运营者。

2. 背景画面干净、整洁

电台口播对短视频背景没有过多要求，胡明瑜的短视频背景通常是一个纯黑的背景，再加上一把椅子和一个话筒，整个画面显得非常干净，能给用户留下良好印象，如图2-22所示。

3. 放大声音优势

采用电台口播形式，能够在短视频中使用比一般领夹麦效果更好的话筒，更能放大胡明瑜的声音优势。作为曾经的电台节目主持人，胡明瑜的声音温婉、动听，具有抚慰人心的力量，且极具疗愈性，能够让用户的内心平静下来，专心倾听胡明瑜所讲的内容。

很多运营者认为，电台口播的形式不具有创新性，很难长久地获得流量。但胡明瑜认为，在选择视频号呈现形式时，一定要明确自己更擅长什么，做有把握的事情比挑战自己不能完成的事情显然更加合理。

图2-22 胡明瑜的短视频画面

2.5.3 关注中年女性粉丝的心理诉求

胡明瑜从事女性成长和家庭关系教育事业多年，视频号内容也以这方面为主，涉及婚姻、亲子、情绪、个人成长等。为了使视频号内容更贴近用户喜好，胡明瑜首先对自己发布的点赞量过万的17条短视频进行细致分析。通过分析，她发现这些短视频内容几乎都是与情感相关的。

的确，传达情感的短视频更符合视频号的基调。在2020年12月6日发布的视频号首期榜单中，情感类大号占据了半壁江山，如"夜听刘筱""韩韩情感分享""长春奇点"和"一禅小和尚"等，这些主打情感内容的账号，在视频号上更受欢迎。

为了较为全面地了解视频号用户的偏好，胡明瑜查看了2020年11月17日至2020年12月2日共15天的视频号总数据，发现有277条短视频获得10万+点赞，其中有52条为情感内容，以18.77%的占比位居第一。

通过分析，胡明瑜明确了具备两个关键要素的短视频通常更受欢迎：第一点是能够让用户产生情感共鸣，触及人内心最柔软的部分；第二点是有故事情节，能够激发用户的好奇心。

明确这两个关键要素之后，胡明瑜明确了视频号内容打造的方向，即做能够引起用户共鸣的、以故事情节引入的家庭教育类短视频。

胡明瑜通过查看用户数据，发现关注自己的大多是30~45岁的中年女性，她们在面对亲密关系和亲子关系中的各种矛盾和冲突时，有非常多的困惑、抱怨。因此，胡明瑜撰写每一条视频号文案前，都会反复询问自己几个问题：广大女性同胞会关心这个话题吗？她们的痛点和情绪点是什么？这个文案是不是通俗易懂的？怎样用更直白的语言表达出来？

胡明瑜通过反复琢磨中年女性粉丝的心理诉求，打造出"写给女儿的三大原则""丈夫没晾衣服，妻子提出离婚""父母的三观，对孩子的影响有多大"等爆款短视频。

以"写给女儿的三大原则"为例，这条短视频的播放量超过 500 万次。胡明瑜在打造这条短视频时，曾将原稿标题拟为"这 3 种家庭出来的男人不宜嫁"，但这个标题太具有说教意味，且不便于大众理解，于是胡明瑜改变方式，将这条短视频以父母告诫女儿的形式来讲解，吸引了更多父母们的关注，父母们看完短视频后，还会将短视频转发给自己的女儿，于是视频传播范围不断扩大。

胡明瑜在这条短视频中这样说道："如果你有女儿，一定要告诉她生命中的三大原则。第一，女儿，这个世界远比你想象中复杂，永远要把自我保护放在第一位，遇到任何情况，请第一时间告诉我，我会与你共同面对；第二，一个女人最高级的炫富，不是嫁给了一个怎样的人，而是兜里有钱、心中有梦、枕边有书；第三，任何一段好的感情，两个人一定是势均力敌，彼此共勉，没有谁值得你不断退让、委曲求全，甚至放弃生命或者自我，活着就有无限可能。亲爱的女儿，愿你一生温暖纯良，不舍爱与自由。"

许多用户看完这条短视频后感触颇深，纷纷表示："说得好感动，贴心入理，愿天下女儿幸福！""希望我的两个女儿一生幸福平安，兜里有钱，心中有梦，枕边有书！""这些话我一定要告诉我女儿。"

胡明瑜紧紧抓住了中年女性粉丝的心理诉求，以自己告诫女儿的方式，拉近与粉丝的距离，使双方处于同一位置，极大地触动了粉丝的内心。

2.5.4　打造知识 IP 的"一主两翼"

在与胡明瑜沟通的过程中，她表示："知识 IP 需要'一主两翼'。"对于这一概念，胡明瑜解释："一主是指自身专业能力，是抓住风口、顺势起飞的根本；两翼是指传播和营销，传播解决影响力和流量问题，营销解决知识变现和商业问题，这三者缺一不可。"

事实上，在运营视频号的过程中，胡明瑜正在着力打造自己知识 IP 的"一主两翼"。

1."一主":自身专业能力

胡明瑜非常明白,在视频号运营中,自身专业能力水平如何,是决定其视频号能否走得长远的关键因素。为了提高自身专业素养,她不断学习和领悟家庭关系,寻找最舒适的家庭成员相处方式,并将这些信息传达给粉丝。

2."两翼":传播和营销

在传播和营销方面,胡明瑜也开始发力。首先,在视频号结尾,胡明瑜会引导用户关注并私信联系自己,然后通过加胡明瑜助理微信,进入粉丝群领取胡明瑜的女性成长视频课,如图2-23所示。

其次,胡明瑜会在粉丝群里与粉丝互动,增强粉丝黏性,然后根据粉丝的需求,筛选精准用户,由专业咨询师团队进行后期跟单,引导粉丝购买相关的课程或咨询服务,如图2-24所示。

图 2-23　胡明瑜赠送课程给粉丝

图 2-24　胡明瑜与粉丝互动

最后,胡明瑜在自己的视频号中开设了小商店,商店中上架了胡明瑜的"甜蜜婚姻经营术""情绪管理36计""如何做不焦虑的家长""成长手册""幸福人生的智慧宝典"等课程,用户可阅读这些课程的大纲,然后直接在视频号小商店界面购买这些课程,如图 2-25 所示。

通过这 3 方面的传播和营销,胡明瑜在打造"两翼"上取得了良好的成绩。对于视频号,胡明瑜发出了由衷的期盼和感叹:"视频号的春天还没到来,所有努力躬耕、一路同行的朋友们,愿我们都能挺过冬天,日拱一卒无有尽,功不唐捐终入海,2021 年,梦想与机遇同在,与大家共同成长。"

视频号教育类博主 TOP 10

图 2-25 胡明瑜的课程购买界面

2.6 夜听刘筱：3000 万粉丝的微信大号引爆视频号（生活类博主）

经常在微信朋友圈看到有人分享一个叫作"夜听"的公众号文章，分享者通常还会配上一段"无病呻吟"的感触。作为"直男"的我，对这些"鸡汤"和感慨兴致索然，往往是随手向上一滑，当作没看见。直到上个月，无意中打开了一位好友分享的"夜听"的公众号文章，顿时目瞪口呆。那篇文章的点赞数、阅读量、评论数和在看数让我瞠目结舌，如图 2-26 所示。

图 2-26　"夜听"发布的文章

出于好奇，笔者点开了公众号"夜听"2020 年 11 月所有的文章，每一篇文章的阅读量都是 10 万+，点赞量超 1 万，"在看"量超 1.5 万。截至 2021 年 4 月，"夜听"公众号粉丝数累计 3500 万+。

众所周知，如今是短视频时代，这两年公众号打开率持续走低，粉丝数负增长成为不少账号的常态，即使是一些曾经冲上"新榜"数据平台微信 500 强的账号也开始停更退场。同在流量下滑的市场中，有的人洗牌出局，"夜听"却爆款频出，让我不禁发问：同样是做情感类内容的产品，为什么偏偏是"夜听"火了？已经在公众号上取得极大成就的"夜听"，在视频号上是否还能创造神话？

带着这些问题，笔者对"夜听刘筱"视频号上的内容做了一些深入的分析。

2.6.1 错过抖音、快手红利,抓住了视频号

2018 年,短视频迅速崛起,公众号开始遭遇"寒冬",不少自媒体人都开始转战短视频。"夜听"公众号号主刘筱也动过转战短视频的念头,他曾经做了诸多短视频平台的尝试,如视频相亲网站、视频相机的 App、情感撮合交易的平台等。由于工作重心在平台型业务上,刘筱错过了抖音、快手的最佳红利期。

2020 年 7 月 1 日,刘筱正式入驻抖音,发布了第一条短视频。拥有 3000 多万的公众号粉丝,刘筱的第一条短视频取得了不错的成绩。截至 2020 年 11 月 24 日,刘筱在抖音上的账号"夜听刘筱"吸粉 243 万,点赞累计 744.5 万。4 个月吸粉 243 万,对于一个普通的内容博主来说,这已经是相当不错的成绩了,但对于自媒体"大 V"刘筱来说,这个成绩并不理想,毕竟这 243 万粉丝,90% 来源于公众号粉丝的导入,如图 2-27 所示。

图 2-27 刘筱的抖音账号和短视频

在抖音试水之后，刘筱意识到随着抖音、快手平台规则的收紧，以及其商业闭环的打造，自己已经错过了抖音的最佳红利期。

正当他彷徨之际，微信视频号横空出世，新的希望降临。视频号作为腾讯抢占短视频市场的"杀手锏"，依靠微信10亿月活跃用户，必将快速抢占市场。刘筱不再纠结抖音怎么玩，他开始在视频号上发力。

2020年2月，刘筱正式开始运营自己的视频号，在账号"夜听刘筱"上发布了第一条短视频，告诉用户，这是他在视频号上的"新家"，欢迎大家到他的新家做客。该条短视频在视频号上获赞6509个，评论数744个，如图2-28所示。

图 2-28　刘筱的第一条短视频

2.6.2　好的内容，是可以和时间作斗争的

在视频号上发布了第一条短视频后，刘筱开始持续输出内容。起初，在摸不准视频号这一平台的调性时，刘筱也做了一些测试。例如，刘筱的视频号前几期发了不同风格的短视频，有与女儿互动的生活类短视频，有刚洗完澡随意聊几句的互动类短视频，有读书的短视频，有坐在电脑前讲内容的短视频等。但通过其点赞数、评论数来看，反响一般，如图2-29所示。

后来，经过几次封面、标题、内容的改版，刘筱逐渐有了自己固定的风格。找准了自己风格的刘筱在视频号上的每一条短视频点赞数都在10万+，评论数超过500个，如图2-30所示。

图 2-29　刘筱视频号早期内容

图 2-30　刘筱现在视频号上的内容

为什么刘筱在视频号上如此受欢迎？

毋庸置疑的是，"夜听"公众号的 3000 万粉丝对他的视频号粉丝导入非常重要。刘筱运营视频号仅仅两个月，就从公众号引流了 70 万粉丝。刘筱的视频号粉丝有一半来自公众号，另一半则是运营和内容吸引来的新粉。

在视频号涨粉方面，刘筱认为视频号的爆款逻辑要看视频的长尾效应。刘筱的短视频长尾效应很好，几个月前的视频还在自发地通过社交关系传播。好的内容，是可以和时间作斗争的。

那么，什么样的内容才可以穿越时间呢？

1. 抢夺用户睡前时间

刘筱在视频号上发布短视频的时间一般在晚上 10：00 左右，这个时间大部分人已经躺在床上准备睡觉。躺在床上，看看短视频，已经成为很多人的生活习惯。刘筱就是抓住了用户的睡前时间。

刘筱的短视频依靠的不仅仅是一段声音，更多的是深夜的情感抚慰，让越来越多在失眠、孤独和压力统治下的人们感受到来自生活的温暖和鼓励。睡前已经成为越来越重要的时间窗口。

短视频有很多刚需的场景，如睡前、开车的时候、运动的时候等，这些场景也有很多适配的短视频类别。刘筱的短视频内容定位为"情感类"，情感类短视频最适合的场景就是睡前场景。

夜深人静，孤独爬上心头，声音总是最能治愈人的。刘筱用独特的嗓音，配上心灵治愈系内容和动听的轻音乐，给人恰到好处的温暖，就连笔者这样一个"直男"都不免有些感触。

刘筱之所以成为视频号的大号博主，很大一部分原因是他凭借时间窗口和与之匹配的内容调性，抢夺了用户的睡前时间。

2. 婚后女性的"闺密"

刘筱的短视频内容在用户定位上，是从男性视角为女性提供情感抚慰，所以他的目标用户是女性。在众多的情感类短视频内容中，大多数博主为女性，所以身为年轻小伙子的刘筱具有一定的稀缺性。

例如，2020年11月，刘筱在视频号上发布的一条标题为"你的万般柔情，俘虏了我的眷恋"的短视频，有人把它看成"鸡汤"而不屑一顾，但有很多人因此得到心灵的慰藉。这一点，通过这条短视频的评论可以看出来，如图2-31所示。

刘筱对内容的把握颇准，这与他有精准的粉丝画像——婚后女性——有着莫大关系。刘筱的粉丝中婚后女性占到了60%，且大部分来自三四线城市。一部部关于女性婚姻生活的电视剧热播，

图2-31　刘筱短视频内容评论

可以看出如今婚后女性内心的情感困惑影响着她们生活的方方面面，所以，刘筱的大多数短视频内容都是关于婚后情感的。倾诉、表达、被认同，这是婚后女性用户群体的刚需。

"你不一定能在刘筱的短视频里找到什么具体的解决问题的方法，但你可以从那些粉丝的留言里，听见原来世界上，还存在这么多和自己一样需要忍耐生活的人。"这是刘筱短视频里一个粉丝的留言，这也解释了刘筱为什么被称为婚后女性的"闺密"。

3. 明确内容定位

在视频号上做情感类短视频的人很多，为什么偏偏是刘筱火了？

首先，这与刘筱曾做过两年电台情感夜话节目主持人有关，在做电台主持人的过程中他发现，夜间电台最受欢迎的话题都是婚后情感问题。为此，刘筱还总结出了200个情感关键词，所有的创作都围绕着这些关键词，如"爱、不爱、遇见、放下、在乎、失去、人生、幸福、无奈……"

这些都是刘筱的视频号内容的高频词汇。

其次，情感类内容在下沉市场有着更大的需求。人都是群居动物，情感类需求是人人存在的。当下沉人群中的女性遇到情感问题时，宣泄或者解决问题的途径很少，通过网络和短视频解决情感问题是更适合她们的选择。

除了面对感情问题时的共性，下沉用户还有一个特点是更专注。也就是说，一旦喜欢你的内容，他们就会长时间关注你。这也使得刘筱的短视频账号有着很强的用户黏性。

清晰的内容定位，加上刘筱对情感类内容的驾轻就熟，他很快获得了目标用户的认同，再加上内容的广泛传播，刘筱成功在视频号上获得了流量下沉的红利。

从刘筱的内容定位来看，明确找到一个细分领域，打造差异化内容，发现更多的流量洼地，是可以找到用户增长的爆发点的。

4. 情感类短视频，情感共鸣很重要

人们在看某部伤感电影时，会因为电影主角所遭受的痛苦而痛哭，会因为影片人物重生的希望而感动落泪，会对战地废墟上的孩子、被洪水摧毁的房屋、因疾病折磨而去世的人等表示怜悯。人们会对电影角色所处的境况进行想象，想象如果事情发生在自己身上会怎样，这是一种本能的情感反应，我们"感受"着他人的感受，体验着别人的痛苦，这就是"共情"。

刘筱的视频号内容之所以能够脱颖而出，就是因为他的内容可以和用户共情。

（1）封面、标题共情

要想与用户共情，就要精心设计每一个与用户的"接触点"。用户首先接触到的就是短视频的封面和标题。

刘筱在视频号的封面和标题上也做过几次改版，后来他采用自己真人出镜的照片配上泛黄的灯光，标题的背景色也采用黄色调，如图2-32

所示。暖色调的设计氛围感十足,透过刘筱深邃的眼神仿佛也能看到满满的故事。

在配乐上,刘筱选择了符合情感类内容基调的轻音乐。不同的配乐带给用户的情感体验差异很大,轻音乐可以舒缓用户的情绪,使短视频的效果更好。

(2)声音共情

"这里是夜听,我是刘筱。"这是刘筱在视频号上的开场白。刘筱用他富有磁性的声音讲述情感方面的话题,然后以一句金句结束,带出一首契合主题的歌曲。

情感博主的声音很重要。刘筱是播音主持专业毕业,有着8年电视、电台从业经历,是情感咨询专家型媒体人。人都是经历的产物,他的经历使他能让读者很快地进入情绪。

图2-32 刘筱在视频号上的封面、标题

例如,在他发布的一期标题为"期待一树花开,盼你叶落归来"的短视频里,当他坐在镜头前,把一个人经历过的人情世故和风雨沧桑表达出来,用极具感染力的声线把内心的情绪宣泄出来时,即使是笔者这样的钢铁男儿,也不禁动容。

为了保证短视频的质量,他坚持当天发的短视频当天录制,遇到出差,他会把录音笔带上。如果房间隔音效果不好,他甚至会钻到衣柜里录。

(3)内容共情

内容为王的时代,即使与用户接触点做得再好,没有高质量的内容,一切都是空谈。所以,刘筱靠的还是高质量的、能与用户共情的内容。

首先,内容要满足用户需求。刘筱的短视频内容满足了用户3大需求。

精神需求:深夜孤独者希望能通过看刘筱的短视频来获得陪伴,从而治愈心灵。

魅力需求：内容主题和自己内心表达的一致。例如，刘筱讲"因为在乎，所以甘心；因为太过在乎，所以心累"，刚跟亲人闹不愉快的用户就会觉得说到心坎里了。

期望需求：靠每天的高质量内容满足用户期待。

当用户的需求获得满足之后，传播是自然而然的事情，再加上视频号基于微信的社交属性，会比其他平台更有利于传播，用户认可刘筱的短视频后，可以直接将短视频转发到朋友圈或者微信群。

其次，内容要找到情感诉求交叉点。想要引起用户的情感共鸣、变被动接受为主动参与并不是一件容易的事，关键在于找到用户和内容之间的共情点，即情感诉求交叉点。例如，昨天你看到了一篇关于90后焦虑的文章，文章中作者痛斥社会的压力太大，自己的工资太低，同龄人都已经走上人生巅峰，而自己还在打工，你将自己的经历与文章内容对比之后觉得说得太对了，于是立刻转发这篇文章表明自己的态度和观点。当另一人看到你转发的这篇文章，如果碰巧他和你有相同的感受，他也会转发，这样一来，这篇文章就开始在你的社交圈传播，甚至在大范围内传播。

刘筱许多传播量极大的爆款短视频，内容中都渗透着不同的情绪态度，这些情绪不断被用户"感受到"，用户便会在短时间内同时产生"共情体验"。他们似乎被情绪"牵制"，他们希望立即在社交媒体上表达自己的立场，如通过转发他们认同的内容来表达自己，他们的转发分享行为又让情绪继续传递给更多群体。

再次，内容要打动自己。刘筱对自己的短视频内容的评价，一方面来源于短视频的相关数据，如点赞数、留言数；另一方面来源于自己的评价，他评价的标准是内容是否能够触动自己。每做好一个短视频，他都会先听一遍，如果听完以后内心毫无波澜，那么他会判定这个内容是失败的，需要推倒重来。情感类内容要想打动用户，首先要打动自己。

最后，内容要帮用户表达自己。刘筱的短视频内容分为两类，一类由自己的团队创作，另一类是用户提供的内容。这些来自用户的真实情感故事，正是用户们真切关注的内容。在刘筱的短视频评论区，每天会收到大量的留言，少则几百条，多则上万条，绝大多数是表达情感困惑的。

为了帮助用户表达自己，在内容上，刘筱和团队往往要花很长时间去打磨。首先从几万条用户留言中挑选出优质的内容，确定内容之后要跟团队一起打磨。打磨内容包括两个方面，一方面是文字的创作，另一方面是词曲的创作，最后将这两方面内容进行合成。这个过程复杂且漫长，有时甚至需要3个多月的时间。

创作内容的过程会让用户体验到刘筱对他们的重视，增加了用户黏性。运营视频号和运营公众号、做产品本质是一样的，要想活得长久，用户体验一定是放在第一位的，否则就算拉来再多的用户也留不住。

2.6.3　视频号的最核心打法是直播

一切不以变现为目的的运营都是无用功。在视频号上有了粉丝后刘筱开始尝试变现。

2020年11月10日，刘筱首次在视频号上进行直播带货。一时间，各项数据刷新了行业对视频号直播的认知。我们一起来复盘一下刘筱这次直播带货的过程。

直播前，为了给这场直播首秀预热，刘筱充分利用了自己公众号上的3000多万粉丝。在开播前6天，刘筱发推文号召粉丝预约观看直播。在推文里，刘筱非常直白地告诉粉丝，他准备了100台小米手机、20台iPad、3台iPhone12，如果你想要就来我直播间。

同时，刘筱也在自己的视频号上发布了预热视频，预热视频的内容主打送福利，截至2020年11月25日，视频点赞3.9万个，留言3000多条。

在选品上，首次直播的刘筱非常谨慎，每一种产品都是刘筱亲自试用、亲自体验后才最终确定的。

直播的过程中，刘筱迅速进入带货视频号运营者状态。例如，在带货酱油时，刘筱提到这个品牌是自己的朋友做的，自己家也在用，以增加用户的信任。再如，刘筱让用户将"手机尾号后4位+夜听优品"发送到屏幕上，来带动直播间的氛围。

在直播过程中，虽然有遇到平台网络和声音的问题，观看人数从原来的8万人一路跌到几千人，但刘筱毕竟是专业视频号运营者，他不慌不乱，凭借超高人气和现场驾驭能力，把直播间观看人数再次拉回超过10万人，许多产品上架即被抢光。

对于直播带货，刘筱也有自己的理解。他认为直播就像是线上"摆地摊"。要做好带货视频号运营，除了应该向头部视频号运营者学习外，还要向线下"摆地摊"的人学习。线下"摆地摊"的商品销量好不好，和摊主的口才、状态有着很大的关系。

直播后，刘筱对自己的首次带货直播做了复盘，笔者总结了一下他的观点。

一是直播带货不是所有人都能做的，只擅长文字的博主，可能不太适合做直播带货；如果擅长文字的同时又有一些独特的语言风格，表达能力好，还是有机会转型的。刘筱之所以能做直播带货，是因为他的工作是偏语言的，而非文字。

二是直播需要团队配合。如果只运营视频号，几个人就能做得很好，但如果要做直播带货，少于10个人是做不好的。刘筱为了做好视频号的直播首秀，从团队里抽调了10多个人一起做。

三是直播内容不可控。直播内容相比公众号内容和短视频内容，具有不可控性。这需要视频号运营者花更多时间，还要承受更大的压力。

直播后，刘筱对自己的视频号做了一个"357计划"。"3"是指刘筱将会把公众号上的3000万粉丝逐渐导入视频号；"5"是指未来刘筱将投入5000万元来专注做视频号；"7"是指通过"3"和"5"引流出7个矩阵账号，打造集服饰、美妆护肤等多个品类为一体的视频号矩阵。

2.6.4　游走在文艺和商业之间的创业者

刘筱在视频号一炮而红后，视频号上出现了很多模仿者，甚至有模仿者已经做到了 10 万＋的播放量。一方面说明情感类短视频市场非常大，另一方面也对刘筱在视频号上的发展提出了挑战。在做公众号内容时，刘筱曾经坚持不损害用户体验，不做商业化内容，但当他的粉丝突破千万时，找他的广告主越来越多，投资人也越来越多。

作为一个带有文艺腔调的大号博主，他也开始接广告。未来，刘筱的视频也面临是否接广告的选择，如何在既不损害用户体验，又能保证内容质量的前提下做好商业化，将是刘筱未来很长一段时间内需要考虑的问题。

对于内容创业者来说，要想很好地游走在文艺和商业之间，就要有分寸。在内容里植入广告，会引起粉丝不满；不植入广告，又无法生存。如何在粉丝维护、商业利益和品牌价值这 3 个方面保持平衡，是一件非常难的事情。但从现在视频号上的内容来看，我们至少能看到刘筱的努力。

不管怎样，我们会发现在"寒冬"中活下来，并且活得滋润的人，往往是那些不畏艰难、能静下心来做优质内容的人。

2.7　郭郭的打怪日记：正能量职场 CEO 宝妈（生活类博主）

另一位生活类博主 TOP10 榜单佼佼者——郭郭的打怪日记，同样成绩斐然，但她与刘筱不甚相同。

郭郭本名郭雪红，她事业有成，家庭美满，很多人难以兼顾生活和工作，但这一切她都处理得游刃有余。她既是科技互联网大号"WiFi 新连接"的创始人，是一位采访过诸多科技互联网行业"大佬"的知名记者，是视频号被张小龙关注的头部 KOL，又是两个孩子的妈妈，还是一直行走在路上的旅行推荐官……

当然，郭郭并非一帆风顺，无论是在事业上还是在家庭上，她都是一步步"打怪升级"，不断成长为如今的模样。

2.7.1 "古典自媒体"的"现代化"之路

"生活就像打怪，不是你强就是我亡。"这曾是郭郭视频号简介中的一句话。这句话恰好印证了郭郭运营视频号的过程。

此前，有人调侃只做图文内容，不做短视频和直播的自媒体为"古典自媒体"。郭郭就曾是典型的"古典自媒体"运营者。彼时，她的公众号"WiFi 新连接"积累了超过 50 万的粉丝，仅凭广告收入，就足以养活一个团队。

2019 年郭郭曾运营过抖音账号，但效果欠佳，也就不了了之。在 2020 年年初，郭郭发现自己的公公婆婆居然都在抖音、快手上学做菜、看新闻时，她意识到一定要紧跟时代，拥抱短视频。

2020 年 4 月，郭郭正式投入视频号运营，在 3 个月内，将视频号做到了行业第一梯队。

郭郭在微信深耕多年，拥有一定的粉丝基础，社群较多，如图 2-33 所示。同时，郭郭本身在媒体行业打拼多年，积累了一定的人脉。另外，作为一位"宝妈"，郭郭还加入了不少"宝妈群"。这 3 方面的基础加起来，郭郭很快就打开了视频号的大门。

图 2-33 郭郭的部分社群

2.7.2　边看边做边试错，打造"5+2+1+1+1"内容公式

有了基本的流量来源，想让视频号"发酵"，吸引更多流量，就需要着力打造视频号内容。

郭郭最初的视频号内容可谓五花八门，显得比较凌乱。她的视频号中，既有与孩子相处的故事，也有外出旅游的画面，还有采访各种"大咖"的现场。这些内容夹杂在一起，很难分出主次，自然难以被用户记住，如图 2-34 所示。

这些短视频的点赞量、播放量都欠佳，但很快郭郭就调整了策略。她将自己的视频号内容大致分为 5 个系列主题，包括"可爱的生活啊""职场进阶手册""郭郭和她的大咖朋友们""郭郭在现场""实力宠粉"，这些系列主题被明显地标示在每条短视频的左上角，并分系列标出序号，用户一眼就能明白这条短视频在讲述哪方面的内容，如图 2-35 所示。

图 2-34　郭郭早期视频号内容

图 2-35　郭郭迭代后的短视频内容

对于这 5 个系列的短视频主题,郭郭也对主要内容、所占比例等进行了细致划分,如表 2-2 所示。

其中,"可爱的生活啊"占据了郭郭视频号内容的 50%;"职场进阶手册"占据了郭郭视频号内容的 20%;"郭郭和她的大咖朋友们""郭郭在现场""实力宠粉"这 3 部分内容各占据了郭郭视频号内容的 10%,形成了"5+2+1+1+1"的内容打造公式。通过这 5 部分内容的打造,郭郭顺利地塑造出自己"正能量职场 CEO 宝妈"的形象。

表 2-2 郭郭的系列短视频主题及对应内容

系列短视频主题	内容
可爱的生活啊(50%)	与家庭、孩子相处的故事
职场进阶手册(20%)	职场进阶小技巧
郭郭和她的大咖朋友们(10%)	与行业大咖的交流
郭郭在现场(10%)	参加的各种现场活动
实力宠粉(10%)	回馈粉丝的各种活动

1. 50%:可爱的生活啊

"可爱的生活啊"系列短视频主打日常生活中发生的有趣、温暖或能引发思考的小事。

例如,她在主题为"幸福是什么?这里有 5 岁到 61 岁的答案"的短视频中,询问家中每个成员对幸福的理解,小儿子说:"幸福是躺在床上吃巧克力、吃糖,什么零食都要吃。"大儿子说:"幸福就是开着空调在被窝里偷偷玩手机。"婆婆说:"幸福就是带着两个孙子,一家人平平安安、健健康康。"公公说:"幸福就是退休了跟家人在一起。"家里的保姆阿姨说:"我觉得烧菜是最幸福的。"最后,郭郭总结道:"幸福没有标准定义,而是一种发现美好的能力。对郭郭来说,幸福就是一家人三餐四季,长辈在笑,孩子在闹,我和先生相视一笑。"

看完这条短视频的用户评论道:"幸福的郭郭,隔着屏幕都能感受到你的幸福。""生活化的郭郭就是最幸福的展示。""好欢乐的一家人,郭郭活出了每个女人最向往的模样。"

传达生活中的美好，就是郭郭"可爱的生活啊"这一系列短视频创作的主要出发点。通过传递自己生活中的美好，让用户感受到生活的温暖，能够帮助郭郭打造正能量"宝妈"的形象，更容易被视频号用户接受。

2. 20%：职场进阶手册

在"职场进阶手册"中，郭郭通常会以自己的亲身经历作为切入点，引出大部分职场中都适用的职场小技巧，让用户在观看其视频时，能学到有用的职场知识。

例如，郭郭在主题为"只要做对这件事，永远不用担心35岁被裁员"的短视频中这样说道："最近35岁被裁员等职场中年危机话题比较热门，实际上，郭郭是33岁生完二胎才辞职创业的，这几年不管是能力还是收入，都有了质的飞跃，回望这个重要的职场选择，当时支撑郭郭最大的底气就是工作以来学到的能力。从进报社的第一天起，我就从来没有敷衍过任何一项工作，甚至在生两个孩子，进产房的前一分钟，郭郭还在给客户打电话，确认交接事宜。老板出多少钱，就做多少事，这其实是一种典型的打工者思维，其实我们每个人、每个时刻都在为自己的简历打工，公司不知道能维持多久，但简历会陪伴我们终生，成为我们职场永远的摆渡人。"

这部分内容的打造，既能对郭郭建立正能量职场CEO的形象起到至关重要的作用，也能让用户在观看郭郭短视频的同时，获取有价值的信息，增强用户黏性。

3. 10%：郭郭和她的大咖朋友们

除了分享日常生活和职场经验外，郭郭还有10%的内容是她和一些业界"大咖"聚会或一起参加活动的场景。在这部分内容中，郭郭并未输出观点，只是将自己参加聚会或活动的场景真实地展现出来，满足粉丝的好奇心。

例如，郭郭在2020年12月2日发布了一条短视频，是与许多视频号北京头部账号运营者一起聚会的场景，包括"福袋叔""朵爷""东西堂主""纪柯言"等。他们一起讨论视频号运营经验，相谈甚欢，如图2-36所示。

通过这部分内容，郭郭展示了自己丰富的日常生活，令许多用户向往不已。同时，在参加各种"大咖"活动时，郭郭还能借助这些"大咖"的名气，帮自己吸引流量。

4.10%：郭郭在现场

"郭郭在现场"系列短视频的主打内容是郭郭参加各种热门活动。通常情况下，郭郭会在这部分内容中"打广告"。

例如，郭郭在参加OPPO"全家桶"发布活动时，以一个体验者的身份，体验了OPPO"全家桶"系列产品，采用不那么生硬的方式，为这些产品进行宣传，如图2-37所示。

图2-36 郭郭与"大咖"一起聚会　　图2-37 郭郭体验OPPO新产品

5.10%：实力宠粉

很少有短视频运营者会将与粉丝的互动、交流纳为自己内容版块的一部分，但在郭郭的视频号中，经常能看到其与粉丝互动的视频。

郭郭坦言："千万不要用做公众号的思路去做视频号，不要觉得粉丝越多越好，因为这样的话，你会把自己逼进一个数字系统，每天焦虑得不行。"

事实上，很多自媒体运营者在运营初期会非常看重数据，每发布一条短视频，就会时刻盯着后台数据，期望能"一炮而红"。

数据思维是自媒体运营者必不可少的能力之一，但每个账号的属性不同，面对的受众不同，运营者必须建立清晰的账号认知，不能仅关注数据。

郭郭在运营视频号初期也非常看重后台数据，她的一条视频火了之后，很快涨粉六七千人，但这种情况并未一直持续下去，这令郭郭非常焦虑。

但一段时间后，郭郭终于明白，每个账号的定位、属性都不尽相同，不必过分追求高数据。例如，情感正能量类短视频比较受视频号用户喜爱，且制作门槛较低，但生活类账号的制作门槛较高，且垂直领域受众较少，与其他火热领域的视频号相比，数据自然较低。但能够深耕自己的领域，在垂直领域收获精准粉丝，难道不能说明自己的成功吗？

于是她不再将粉丝看成冰冷的数据，而是融入感情，将粉丝当作朋友来维护。例如，她会在粉丝中随机抽取一位，与他（她）来一场说走就走的旅行，一起领略祖国的大好河山。

这种"宠粉"类视频，不仅能够提高粉丝对郭郭短视频的忠诚度，也能提高粉丝的互动率。

视频号生活类博主 TOP 10

生活类博主 TOP10

夜听刘筱
D 端端
思思爱爱爸爸
文卷看见加拿大
郭郭的打怪日记
Cindy 爱自由
秦昊&美好秦报局
帽子哥凯德
王元彪 vlog
玩皮的亭子

2.8 "王蓝莓同学"：用一只手打造一个 IP（娱乐类博主）

近日，笔者打开微信看到团队小伙伴频频给一个视频号点赞，出于好奇，笔者点开了这个视频号，视频号名叫"王蓝莓同学"，其认证为搞笑幽默博主。笔者很少看娱乐类短视频，但"王蓝莓同学"的短视频让我"根本停不下来"，不知不觉间也给她的许多短视频都点了赞。

笔者在新视上查找了"王蓝莓同学"的相关信息，发现她的视频号点赞量非常高，如图 2-38 所示。一个娱乐类博主如何在用户更加青睐知识类内容的潮流中突出重围，背后的原因值得深究。

以下数据基于新榜记录到的25个作品计算而得，作品累计获赞97.87w

平均获赞数	获赞中位数	最高获赞数	获赞10万+篇数
39149.6	19421	10万+	5

图 2-38　"王蓝莓同学"视频号数据表现

2.8.1 形象+声音，打造鲜活人物形象

"王蓝莓同学"的创作者叫王娇，她是王蓝莓的原型，因为喜欢吃蓝莓，所以将艺名定为王蓝莓。王娇曾是一个迷茫的美术专业毕业生，此前也拍过很多类型的视频，最终确立了手指动画短视频这一形式。

手指动画短视频是王娇在无意中创作出来的，她平时喜欢在各种地方画画，椅子上、衣服上她都画过。有一次她偶然间在手上画了一个小人，手指作为小人的四肢，手背作为小人的躯干，并用油画在手背画上相应的头部和衣物，小人马上就变得灵动起来。

后来，王娇将手指画改成动画形式，设计了许多鲜明的人物形象。

1. 鲜活、灵动、别致的人物形象

王娇围绕主人公王蓝莓塑造了一系列相关人物，如王蓝莓的妈妈李荔枝、哥哥李梨、嫂子刘莲等，这些以水果命名的名字，既简单好记，又颇具特色，让人印象深刻。

王娇塑造的王蓝莓，是一个身高不到20厘米的小姑娘，生活在20世纪八九十年代，她喜欢背着手走路，她的刘海被妈妈剪得很难看，扎着两根小辫子，浓眉大眼厚嘴唇，具有浓郁的中国东北地方特色，如图2-39所示。

王蓝莓是一个可爱、单纯又有点男孩子气的女生，用户很容易在她身上看到自己的影子。

另一个几乎在每条短视频中都出现过的重要角色——王蓝莓的妈妈李荔枝，也被刻画得入木三分。李荔枝有一头浓密的黑发，梳着那个时代非常流行的麻花辫，两条弯弯的柳叶眉，眼睛往上翘着，与王蓝莓十分相似，如图2-40所示。

图 2-39 王蓝莓的形象

图 2-40 李荔枝的形象

这些鲜活、灵动的人物形象，让人感觉这些人物真实存在，他们之间发生的一些趣事也是真实的。

人物形象是创作者三观的集中体现，打造一个风格鲜明的人物形象，能够帮助视频号运营者输出有价值的信息。

2. 原汁原味的东北方言

在"王蓝莓同学"的短视频中，王蓝莓和妈妈李荔枝分别由王娇和她的妈妈进行配音，她们都没有受过专业的配音训练，讲着一口带有浓厚东北味的方言，但就是这种声音让人物形象更加贴近现实，很多用户在看完短视频后直呼："妥妥的东北人！"

东北方言本身就极具喜感，再搭配上较为陈旧、稍显机械的语调，年代感一下就出来了。王娇原本还担心东北方言是否能吸引其他地区的用户，事实证明，通俗易懂的东北话具有很强的感染力。

通过人物形象和声音的塑造，一个活在 20 世纪的东北小女孩活灵活现，为王娇打造"王蓝莓同学"这个视频号奠定了坚实的基础。

2.8.2 抠细节,还原年代感

为了与20世纪八九十年代的人物形象相契合,王娇为王蓝莓量身打造了一个适合她体型的微缩世界。在每个短视频场景中,符合20世纪八九十年代风格的"复古"物件应有尽有,如桌子、椅子、沙发、毛巾、水杯、报纸等。

例如,在"母女身份大互换"这条短视频中,王蓝莓家客厅里的沙发、茶几、电风扇、钟表甚至结婚照和窗户,都非常符合20世纪八九十年代的家庭特色,如图2-41所示。

这种具有典型时代特色的场景,对于亲历过那个时代的用户来说非常真实,能够迅速将用户代入故事中。

图 2-41 王蓝莓的家

事实上,王娇作为一个1990年出生的人,原本对那个时代并不了解,为了更真实地搭建场景,王娇付出了不少的努力。

首先,王娇为了完善现有的场景,使年代感更突出,一有空就去逛旧货市场,观摩那些具有年代感的物件,如"二八"自行车、洗脸盆、缝纫机等。

另外,她还抽时间分析一些老电影和老动画片,如《地道战》《红星闪闪》等,电影中那个时代的人物特色、场景特色等,对王娇还原真实年代场景很有帮助,给了她很多灵感。例如,王蓝莓的妈妈李荔枝在短视频中的口头禅"这很好",就来自老电影,那个时代的人们经常这样说。

其次,王娇认为"细节决定成败",在早期手指动画短视频中,为了能打造一个真实的场景,王娇布置的场景中90%的道具是她自己购买材料纯手工制作的,因为几乎买不到具有真实年代感的现成道具。

这些道具的制作材料并不贵,但要想做得精致、符合故事情节要求,就非常耗费时间。有时做一个能打开的冰箱,都需要 3~4 天。

在视频号运营过程中,王娇及其团队这种精益求精、注重细节、不断探索的精神,对于"王蓝莓同学"这个视频号的打造,具有重要意义。

2.8.3 吐槽+玩梗,制造"回忆杀"

人们常说:"你往往很难在一个大的世界里得到满足,却总能在某一个微小的点里得到快乐。"王娇正是抓住了人们生活中一个个可以令人一笑的微小的点,带给人们快乐,吸引了用户。

"王蓝莓同学"每期的短视频内容大多围绕家庭生活展开,尤其是父母与子女间的日常对话和生活小事。王娇站在孩子的角度,以诙谐、幽默的话语,暗暗吐槽父母的那些"神操作"。

1. 吐槽

"吐槽"一词,源于日本漫才(日本的一种站台喜剧,类似相声),目前多指挪揄、拆台的意思,从字面意思上来看,"吐槽"一词带有贬义,但在实际运用当中,"吐槽"已不再等同于抱怨发泄,而是一种调侃式的玩笑,甚至成为一种普遍的、年轻化的沟通方式。

娱乐类短视频的受众本就偏年轻化,对于大部分娱乐类内容创作者而言,在这个热衷"吐槽"的年代,几乎很难依靠"夸奖"出圈,而带有"槽点"或讽刺意味的内容,更容易被用户记住。

例如,在"王蓝莓同学"的视频号中,有一条主题为"我劝我爸做个人吧"的短视频中,王蓝莓的爸爸告诫正在玩手机游戏的王蓝莓"赶紧睡吧,你妈一会儿肯定得过来",王蓝莓让爸爸帮她看着点,妈妈过来时就提醒自己一下,爸爸回答:"行,我打探打探。"结果一转头,爸爸就到王蓝莓妈妈那里"通风报信",告诉妈妈王蓝莓不睡觉玩游戏。

通过吐槽爸爸"两面派"的行为,"王蓝莓同学"的这条短视频点赞数超过 5 万，用户纷纷评论道："跟我爸一模一样，太真实了""哈哈，我有同款爸爸""我记得有一次我爸也这样，把我给坑了"。

事实上，吐槽的主要目的并非发表看法，而是希望用戏谑的语言释放生活中的情绪，以此引起他人的共鸣。

2. 玩梗

在"王蓝莓同学"的短视频中，"玩梗"也是常见内容。"梗"通常是指社交语言中新奇有趣的内容，或是来源于某个网络热点，或是实际生活中的"偶发妙语"。年轻人玩梗的主要原因包括方便与朋友交流、语言表达更有趣或能使语义表达更准确。

"梗"的普遍特征是诙谐、幽默，这一特质在"王蓝莓同学"的视频中体现得淋漓尽致。

例如，在主题为"在妈妈眼里，你没有器官"的短视频中，王蓝莓的妈妈是这样说孩子的："这么大声跟你说话你都听不见，你耳朵聋啊？那不在那吗，没长眼睛啊？没长嘴啊，你就不会问问人家？你不会自己拿呀？一身懒肉，跟没手没腿似的。我就全当没你这个孩子！"

这些几乎是每个妈妈都会对自己孩子说的话，本身就是一个个有趣的"梗"。许多用户看完后评论："咱也不敢怼，咱也不敢说""人间真实""你是不是在我家装监控了""是我没错了"……

"玩梗"在年轻人中非常流行，根据中青校媒[1]面向全国近 1000 名高校大学生展开的调查：72.48% 的被调查者愿意主动"玩梗"，26.61% 的被调查者表示"顺其自然"，仅有 0.91% 的被调查者非常抗拒接受最新的网络流行语。同时，67.34% 的被调查者在了解到某个新"梗"时，会在合适的场景与好友分享；19.05% 的被调查者热衷与好友用网络流行语进行交流，甚至主动创造新"梗"；只有 13.61% 的被调查者表示自己"看看就过了"。

1　中青校媒：首都高校传媒联盟（Capital Campus Press Union，CCPU），成立于 2007 年 8 月，是国内第一个由高校媒体自发成立的联谊组织。

这些数据足以表明，"玩梗"可以吸引年轻人，这类内容非常容易引发用户的分享行为。对于娱乐类视频号运营者来说，在短视频中加入流行的"梗"，甚至创造"梗"，更容易吸引用户点赞。

3."回忆杀"

"吐槽"和"玩梗"是王娇进行内容创作的手段，而其内容的本质，是制造"回忆杀"。

"回忆杀"是指一些难以忘记的青春记忆，是具有普遍性的生活细节或片段。"王蓝莓同学"的短视频中，那些小时候经常发生的事情，对具有相似经历的用户来说，就是"回忆杀"。

例如，在"王蓝莓同学"的短视频中，提到了方便面的全国统一吃法："先把方便面一顿削，捏碎了以后放调料，调料放半袋为最好，捏住袋子一顿摇，摇到每一口的咸淡都正好，碎末小块来解馋，留点大块慢慢嚼，手指头上的调料得舔净，吃到最后剩一点，左手倒完右手倒，多余的粉末都去掉，把最后一口倒嘴里，再舔舔手指，没味了，再去整瓶汽水。"

这条短视频点赞量达到了 10 万 +，原因就在于引发了 80 后、90 后的广泛共鸣，使用户陷入回忆当中。很多用户笑称："这么损的事儿是怎么做到全国统一的？"

"回忆杀"的本质是引起用户共情，共同的情感关联和记忆符号，会给用户带来群体性集合和认同，在这种群体意识中，共同的记忆会让用户迅速陷入集体回忆。王娇正是利用了这一点，用一个个"回忆杀"聚焦用户的注意力，使用户对"王蓝莓同学"这个 IP 产生一定的认同感、亲切感，并使之成为一种记忆、一种情怀，这种影响虽无形却无价。

娱乐类博主 TOP 10

娱乐类博主 TOP10
大宝的神经日常
黄大先生呀
渔网匠阿明
江挽星
优秀兄弟
高矮胖瘦一家人
大狼狗郑建鹏言真夫妇
俊峰在努力中
广西小春
祝晓晗

2.9 何青绫：财经科普界的"大众老婆"（财经类博主）

在 2020 中国首届视频号年度峰会暨金视榜颁奖典礼上，财经类博主的排名令笔者很意外。通常情况下，财经类博主都是具有较深资历的男性，这次财经类博主的排名，位列第一的却是一位名叫"何青绫"的女性。

这个名字乍一看，完全没有与财经沾边的地方。出于好奇，我搜索了何青绫的视频号，结果一看就停不下来，视频中何青绫一边做家务，一边讲故事，在不知不觉中，笔者居然已经上了几十分钟财经课了，而且还看得津津有味，用现在流行的话说，就是"上头了"。

何青绫视频号的点赞数，从 2020 年 11 月 1 日至 2020 年 12 月 15 日，总计超过 7 万次，视频的平均点赞量超过 2000 个，数据表现良好，如图 2-42 所示。

以下数据基于新榜记录到的32个作品计算而得，作品累计获赞7.01w

平均获赞数	获赞中位数	最高获赞数
2189.5	775.5	15377

图 2-42　何青绫短视频的数据表现

何青绫究竟具有何种魔力，能够让人们心甘情愿地跟着她学习财务知识？这一切都要从她的视频号说起。

2.9.1　封面、标题吸睛，激发求知欲

视频号对于知识类博主来说有着得天独厚的优势，其娱乐性质相较其他短视频平台更弱，视频号用户更希望通过浏览视频号内容获取有价值的信息，这为何青绫在视频号一展身手提供了先天优势。但如何在诸多视频号运营者中脱颖而出，何青绫重点在封面、标题上下了功夫。

1. 封面逐渐改版，贴近视频号受众

点开何青绫早期发布的视频，其封面上没有文字内容，只有何青绫在厨房忙碌的身影，如图 2-43 所示。这很容易让用户产生误解，无法清晰、明了地知道这是一个财经类视频号，不点进去看，可能会误以为这是一个厨艺教学类视频号。

图 2-43　何青绫早期短视频封面

同时，这些封面中，大部分采用了何青绫的背影或侧面照片，用户看不清她的脸部，无法对她留下较深印象。此时何青绫的视频号封面并不吸引人，点赞量也比较少。

后来何青绫对封面进行了改版，如图 2-44 所示。在新版本的封面中，何青绫将每期视频的主题以问句的形式放在封面中央，点出重点，能够

让用户一眼就知道这个短视频的大致内容,若看到感兴趣的关键词,则会点击观看视频。同时,后期的短视频封面大多是何青绫以正脸出镜,这不仅能够给用户留下更深刻的印象,还能让用户在刷到她的短视频时,不看名字,依据封面就能认出她来。

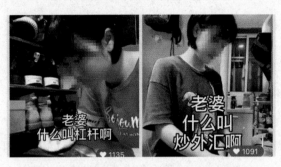

图 2-44 何青绫改版后的短视频封面

2. 标题吸睛,激发用户好奇心

有用户会专门利用视频号学习财经知识吗?答案显而易见,即使有也只有极少数人会这样做。大部分用户是在偶然间刷到财经类视频时才会选择性地观看,然后在无形中了解了财经知识。

因此,财经类短视频的标题是否吸引人,是决定这类短视频播放量的关键因素。

何青绫的短视频标题紧跟时事、热点,关注用户关心的话题,更能激发用户的好奇心。在她的短视频标题中,常出现"彩礼""嫁妆""公摊面积""劳动仲裁""优先股"等用户感兴趣的话题,用户往往会带着好奇心点进去,然后带着"原来是这样"的心情看完这个视频。

2.9.2 场景生活化,人物形象亲切

短视频的日常化气质是与生俱来的,无论是抖音的标语"记录美好生活",快手的标语"拥抱每一种生活",还是视频号的标语"记录真实生活",都体现出平台和用户对使用短视频表达生活化气息的追求。

如今的短视频早已超越"观看"的意义，更是生活方式、生活态度的表达，是用户生活化需求的重要来源。

何青绫完美地将财经知识融入家长里短的生活场景之中，以浓厚的生活气息，拉近了与用户的距离。

在她的短视频中，多数时候她穿着舒适、休闲的家居服饰，有时甚至是睡衣，在洗菜、做饭、拖地、叠衣服等做家务时，回答老公提出的财经问题，并就这个问题展开，和用户聊一聊财经知识。没有一点居高临下，没有一点故弄玄虚，有的只是回答每个问题时的真诚。

如此一来，高深的财经知识，与厨房的"烟火气"相融，让用户深切体会到在庖厨中也可知晓天下事的别样趣味。于是，何青绫"啥都知道"的"全能老婆"形象深入人心。在她的短视频评论中，常常会有人评论"这样的老婆在哪里找的""这老婆能给我不""这样的老婆还需要做家务吗"……甚至有很多人直接称呼何青绫为"老婆"。

由此可见，亲切的人物形象，不仅拉近了与用户的距离，也便于与用户互动，增强了用户黏性。

2.9.3 用最通俗的语言讲最深奥的财经知识

"老婆，什么叫融资租赁？什么叫场内基金？什么叫顶背离？什么叫 DIF？什么叫天使轮……"这些专业词汇，在不懂财经知识的人眼中，犹如"天书"一般，令人难以理解，甚至有些财经领域的学者也不一定完全了解这些专业词汇的含义。笔者作为一个财经"门外汉"，在看过一些何青绫的短视频后，居然对这些知识有了一定了解，至少知道了这些专业词汇在讲述哪方面的事情。

在何青绫的视频号关键词中，最常出现的话题包括"金融""商业""买房"等，如图 2-45 所示。这些话题与用户的日常生活关系密切，也是何青绫短视频内容的重要来源。她用最通俗的语言，讲解深奥的财经知识，让财经"小白"也能将这些财经知识运用到生活中。

图 2-45　何青绫视频号常用话题

"源清流洁，本盛末荣。"何青绫为何圈粉无数？这一切，都要从逐渐走上日推的内容——"财经知识"说起。

1. 紧跟热点，关注大众关心的问题

财经类知识复杂而多样，涉及生活中的方方面面，为了更加贴近用户生活，何青绫在内容选取上采取紧跟热点的方式，关注大众关心的问题。

例如，2021年房产契税新规出台后，何青绫立刻抓住时机，创作了一个与契税、买房相关的短视频。在这个短视频中，何青绫对契税上调进行了详细解释：房产中介告诉大家，从2021年9月1日开始，我国的契税税率将上调为3%~5%，比原来的1%更高。但大家都忽略了一个点，我国的契税一直为3%~5%。之所以房产中介告诉大家原来的契税只有1%，是因为自2016年之后，我国在契税方面出台了特殊扶持政策，即90m^2以下的房产缴纳契税1%；90m^2以上的唯一住房，契税交1.5%；第二套改善住房，契税交2%。而这个特殊扶持政策，并未写明具体的截止时间，到明年（2022年）9月1日仍然有效，买房依旧可以按照1%的税率缴纳契税。另外，新政策更明确了，房产的继承和婚内变更不需要交契税，公益机构也不需要交契税等，明年再买房，压力会减轻很多。

最后，何青绫还劝用户，不要听到税率上调就慌张，好好生活才是最重要的。很多有买房打算的用户，听说契税上涨后确实会惊慌，并在惊慌状态下稀里糊涂地买了房。如果他看了何青绫的这条短视频，就会理智许多。

除此之外，何青绫关注"住房公积金有什么用""新农合是什么""公租房是什么"等与时代、民生接轨的内容,这些内容本身就具有传播性,可以吸引大量流量。

2. 内容专业,解释通俗易懂

如果只是单纯地追热点,何青绫恐怕很难会有这么高的人气。真正能让这样一位宝藏女孩"吸粉"的,还是她以专业的态度讲解财经知识,使用户更加理性地思考生活中常见的案例。

翻看何青绫视频号的评论区,可以发现观看她短视频的人,既有金融界的专家,也有学习财经知识的学者,还有对财经知识一窍不通的"门外汉"。能够将这3类完全不同的人群聚集在一起,必须要有强有力的专业知识作支撑。

笔者整理了她的所有短视频后发现,何青绫是通过简析财经实务知识,把晦涩难懂的财经知识转化为大众熟悉的简单流程。例如,她用最简单的借钱、还钱关系来讲"做空";用"吃剩饭"来讲优先股和普通股;用农民种麦子来讲"期货";用货币转换来讲"炒外汇";用假设你有10万元钱来讲"杠杆"……

简言之,就是用最通俗的语言和案例讲解深奥的财经知识,主要目的是在保证知识点准确的情况下,让用户听明白。

另外,仔细看何青绫的视频号内容可以发现,无论她选择何种话题切入,在为用户解释财经知识的同时,也为用户提供了切实可行的指导,输出了她的财经思维,以及她处事波澜不惊、三思而行的人生价值观,这大概也是她不断吸引粉丝的重要原因。

财经类博主 TOP 10

财经类博主 TOP10

何青绫
朱大鸣
王朝薇
Jo 与安东尼
赵牧之
杨大宝财经
晓姐姐侃财经
胡 400 投资日记
香港金融侠侣
黑怼嘿嘿黑

2.10 网易哒哒：全网播放量超 3 亿的专业玩家（企业账号类博主）

网易传媒文创事业部运营总监文处萄曾对团队成员说："今年还不抓住视频转型，明年可能就玩完，或者说没得玩了。"于是，2020 年辞旧迎新之际，网易传媒科技（北京）有限公司的官方视频号"网易哒哒"，发布了第一条视频。这条视频一发布，就获得了近 30 万的播放量，如图 2-46 所示。

图 2-46 "网易哒哒"的第一条短视频

作为"专业选手"入局，网易哒哒在视频号领域也做出了一番成绩，如图 2-47 所示，截至 2021 年 4 月 6 日，网易哒哒有一条短视频获赞 10 万+，每条视频的平均获赞数超过 2500 个。

最高获赞数	获赞中位数	10w赞作品数	平均获赞	平均评论	平均转发
10万+	722.5	1	2592.7	131.2	1028.2

图 2-47　网易哒哒在新视上的整体数据表现

了解网易哒哒入局视频号的始末，相信能为企业运营视频号带来一定启发。

2.10.1　有趣、有用的奇趣短科普

新视平台显示网易哒哒的相关关键词为"地震""人类""乌龟"等，如图 2-48 所示。这些关键词与网易哒哒视频号的简介不谋而合：关注我，给你有钱人买不到的知识。

图 2-48　网易哒哒的视频号关键词

随着人们生活水平的不断提高，精神需求的层次也逐渐提升，很多用户会借助网络渠道，自发地去学习、去完善自我、提升自我，而知识科普类短视频正好满足了人们的这一需求。

网易哒哒专注于生产有趣、好玩的内容，视频号延续了这一风格，定位为奇趣短科普。笔者在观看网易哒哒视频号时，发现其内容具有两个典型特点，即有趣、有用。

1. 有趣

网易哒哒视频号内容的趣味性主要体现在 3 个方面,即主题有趣、人物有趣和语言有趣。

(1)主题有趣

网易哒哒会探讨先有鸡还是先有蛋、为啥鸡蛋每天都被拿走母鸡却不生气、为什么在鸡面前画一条直线它就不动了等非常有趣的话题。这些话题通常是人们在生活中经常遇到却难以给出科学解释的,也很少有人会去专门研究这些看起来与学术知识毫不相关的话题。这些新奇、有梗的话题,能够迅速吸引用户的目光,激发用户的好奇心,让用户迫不及待地想点开短视频,探寻这些问题的答案。

网易哒哒还会一本正经地讨论一些在生活中很难出现的情况发生后该如何处理的话题,如"零下 100℃和零上 100℃哪个更可怕""人一辈子能花光 10000 亿吗""多少只蚊子能把人吸干"等,看完这些短视频后,会让人不禁感叹:"奇奇怪怪的知识又增加了!"

(2)人物有趣

网易哒哒在短视频中打造了一个戴着小黄帽的卡通小人"兜小得",江湖人称"都晓得",是无所不知的人形百科全书,如图 2-49 所示。

这个头戴黄色帽子、露出圆滚滚肚皮的卡通小人,憨态可掬中又带着一丝机灵,十分可爱,他经常出现在网易哒哒的各种短视频中,让人一看到它就能想到网易哒哒。

图 2-49 网易哒哒兜小得

（3）语言有趣

作为科普类短视频，网易哒哒看起来不像一个"正经"的科普博主，因为网易哒哒在进行科普时，往往会采用诙谐、幽默的段子来诠释，语言十分有趣。

例如，网易哒哒在主题为"挖穿地球跳下去，人能从另一端出来吗"的短视频中说道："假设你耐得住地心6800℃的超高温，跳进去后，在引力和加速度的作用下，你下落的速度，将达到超音速飞机的15倍，约19200km/h，高速下坠产生的巨大冲击力，会让你感觉身体像被碾碎一般。大约40分钟后，你会到达地球的另一端，但如果在另一端，没有人掐准时机把你拉出来，你就会被反向引力重新拽回地心，在地球两端之间像个钟摆一样，来回做简谐运动[1]。而且，由于阻力，你运动的幅度会越来越小，最后停在地心。"

这种充满想象力又趣味十足的语言，让人控制不住想要把这条短视频看完。

再如，网易哒哒在介绍1~10级地震威力有多大时，每一级的地震都会举一个生动形象的例子来进行说明。说到7级的时候，正常房屋已经倒塌，而"故宫等斗拱结构的古建筑，只是扭了扭腰"。俏皮的文案结合具体画面，让内容更加通俗易懂。

2.有用

人们在观看短视频的过程中，除希望寻求放松之外，还希望利用碎片化的时间，学到一些有用的知识，这些知识，我们常常称之为"干货"。

干货类短视频的内容具有两种特征，即知识性和实用性。这类实用的干货短视频永远不会被淘汰，因为人们总是充满了求知欲，对于免费的、能快速获取到的知识更加青睐。

除了那些在生活中几乎不可能发生的"冷知识"外，网易哒哒还会

---

[1] 简谐运动：一种由自身系统性质决定的周期性运动。

输出一些人们在生活中可能用得着的科学知识,如"长期缺觉会怎样""怎样科学戒掉游戏""电梯突然失控下坠怎么办""地震来临时住几层的人最安全"等。

网易哒哒用通俗的语言,讲解一些对用户有用的知识。以"电梯突然失控下坠怎么办"为例,在这条短视频中,网易哒哒告诉用户:首先你一定要保持冷静,并迅速按下所有楼层按钮,这样就算电梯在急速下滑,也可能因为恢复制动而停下来;然后脱掉鞋子,头和后背贴紧厢壁站立,双腿微微下蹲,这样能减少电梯坠落时给身体带来的冲击力,增大生还的可能性。记住,千万不要因为惊慌而狂拍电梯门,这会让电梯因为震动而加速掉落,也不要考虑落地起跳的方式,即使你骨骼清奇,能恰好在落地的瞬间起跳,你还是会有很大的落地加速度,这对减轻撞击力的作用微乎其微。不过你也不用担心,现在电梯安全系数很高……

用轻松的语言,概括性地指出遇到电梯故障时人们的正确做法,令用户印象深刻,能在观看短视频的同时获得额外的知识。

2.10.2 专业团队全方位把控

"我们依然相信,好的内容自己会长腿。本身没有爆款潜质的作品,就算做再多的冷启动也于事无补,只是起始量会高些而已。"网易哒哒视频号负责人王雅琳说道。

和很多视频号博主一样,最开始的时候,网易哒哒团队也曾试图通过社群垂直分发的形式使视频号内容精准触达。但结果表明,这种形式只能锦上添花,无法雪中送炭。简言之,就是如果视频号内容不够吸引人,营销手段再强,也无济于事。

因此,网易哒哒开始针对内容成立专业团队全方位进行把控。

首先,团队会应用数据模型,测算用户近期最感兴趣的科普关键词,由此衍生选题方向。另外新闻热点、国内外科学研究最新趋势都在选题关注的范围内。

敲定选题后，接下来的脚本至少要经过实习生、专职策划、主编的修改，再对文案内容的真实性、权威性进行严格核查，最后才剪辑成视频。

在剪辑视频时，网易哒哒会采用各种有趣、形象的素材，如自己绘制的漫画、影视剧中的经典镜头等，这些素材的运用十分贴切，让用户看起来既觉得丰富多彩，又不会感到突兀。

网易哒哒视频号团队，就这样将每个环节细化到每个人身上，并反复地检查、修改，不断提高内容质量，为短视频内容把关。

企业账号类博主 TOP 10

企业账号类博主TOP10

樊登读书
一条
腾讯程序员
小红智库
仲量联行JLL
工程论试
泽宇教育
长庆油田
蝌蚪课
她释

第 3 章
不一样的视频号内容生态

3.1 视频号 6 大爆款内容选题方向

许多视频号运营者发现,自己在视频号上发布的前两条短视频,播放量都较为可观,但随后发布的短视频播放量越来越低。这是因为前两条短视频享受社交推荐机制的红利,吸引了好友观看,但如果大家并未真正被视频号内容所吸引,就不会再关注后续内容。

因此,视频号需要好的内容支撑,才能真正吸引用户,而视频号运营者打造优质内容的第一步,就是选择内容选题方向。

基于视频号的调性和目前已经在视频号上获得成功的案例,这里总结了视频号的 6 大爆款内容选题方向。

3.1.1 真实的态度分享:独到的见解或点评,积极正能量

前文提到的各类视频号运营者,他们能够在视频号上崭露头角,其中一个重要的原因便是这些运营者在通过视频号分享自己的观点、见解或态度。短视频的展现形式、拍摄技巧等是作品的外在"血肉",而短视频传达出的价值观念,才是让其具有吸引力的内在"灵魂"。

近年来,随着用户精神需求的不断增长,用户在观看短视频时,会有更多人选择具有独到见解、能够传达正能量的短视频。

例如，视频号"徐徐道长"在2020年8月发布的一条短视频，对人际交往中的一些现象进行了点评："'人善被人欺，马善被人骑'，别人向你泼苦水，你就应该泼回去，过分的善良只会让人觉得你好欺负。"

这条传达"人敬我一尺，我敬人一丈。人若不敬我，以其道还之"观念的短视频，转发量很快超过了189万次，点赞量达到了451万次，甚至连评论都超过4万条。

能够获得如此效果，正是因为"徐徐道长"反驳了"一味忍让""不能得罪人""多一事不如少一事"等观念，告诉人们不要害怕得罪人，引起了用户的共鸣。

这类发表独到见解的短视频与视频号的调性非常契合，视频号用户偏中年化，他们往往在生活中经历了许多事情，也因为年纪的增长鲜与家人、朋友敞开心扉，倾诉心中的苦闷。此时，视频号就是他们寻求慰藉的窗口，通过观看短视频，寻找正能量内容，从中汲取力量，鼓励自己再次起航。

3.1.2　干货技巧类分享：抓住目标受众，重度垂直

在快节奏、高强度、碎片化的生活状态下，用户较更关注信息获取的效率，希望在最短的时间获取最多的信息，对于冗长且节奏缓慢的内容往往缺乏耐心。

CSM媒介研究[1]发布的《短视频用户价值研究报告2018—2019》数据显示，"获取信息、增长见识"是人们使用短视频软件的第二大诉求。

在任何行业或领域，"有用的东西"都会得到人们的重视。在自媒体推文时代，生活小技巧、实操指南和干货分享类的文章都能获得很高的收藏量。对于视频号用户群体而言，干货技巧类具有功能性的内容同样能够得到偏爱。

1　CSM媒介研究：中国广视索福瑞媒介研究有限责任公司。

举一个例子，许多人在看到瘦身或塑形类的短视频教程时，常常会情不自禁地选择收藏，即使后来并没有再打开过这条短视频，但在下次遇到同类视频时，还是会忍不住将视频保存下来。这是因为用户会在潜意识里认为："这条视频对我非常有用，就算现在不会马上用到它，今后也会有需要它的时候。"这正是中国人常说的"有备无患"。

常见的干货类短视频有健身减肥类、美食教学类、学科教学类、手工制作教程类、汽车解析类、科技产品介绍类、历史科普类等。还有一些非常专业、具有极高针对性的干货类视频号，如"启航考研精选""公务员干货""英语台词屋"等。

视频号"谈先生美食"就是美食教学类短视频的代表，点开他的视频号主页，就会被满屏的美食吸引住。在视频中，谈先生手把手地教用户做一些"快手菜"，用户在观看视频时，既能欣赏诱人的美食，还能学会如何做这道菜，可谓一举两得。

相对于不具有知识性的短视频来说，干货类短视频更容易使用户从中获取有价值的信息，传播渠道更广。

3.1.3 趣味性内容分享：打造"4趣"，传播度高

在生活中，风趣幽默的人往往比较受欢迎，在视频号运营上，有趣的内容和有趣的人一样，同样是受欢迎的，视频中的一些新奇元素、幽默元素可满足受众的娱乐需求。

有趣的视频号内容之所以非常火爆，是因为很多用户除了观看这类视频之外，还热衷于将这些视频分享给自己的亲朋好友，这种不断扩散的传播方式，能让视频号运营者的短视频快速获取更多流量。

视频号运营者在创作趣味性内容时，可以将趣味细分成4种，包括乐趣、奇趣、野趣和意趣。

1. 聚焦乐趣，给用户创造快乐

常见的聚焦乐趣的短视频内容包括恶作剧、抖包袱、讲段子、模仿秀等，这些看似荒诞的表演，往往能带给人冲击和反差，让人有恍然大悟的感觉，在这些喜剧中收获快乐。

这类短视频的目标用户不分性别，不分年龄，只要能够带给他们快乐，就能促使其点赞与分享。

例如，搞笑类视频号"优秀兄弟"，就以浮夸的演技，将一些段子拍摄成情景剧，以此戳中用户的笑点，吸引用户点赞，如图 3-1 所示。

图 3-1 "优秀兄弟"的短视频

2. 营造奇趣，激发用户的好奇心

猎奇是人的天性，人们往往对未知的事物充满了探索欲。基于人们的这种心理，可以在视频号内容上主打"奇趣"，为其添加新鲜、稀奇的元素，激发人们的好奇心，勾起人们继续观看的欲望。这类短视频能够快速吸引用户关注，使账号收获大批粉丝。

例如，视频号"网不红萌叔"就经常通过测评"网红产品[1]"的质量激发用户的好奇心，他曾发布过"年度网红泡面大赏""你没吃过的俄罗斯零食"等富有"奇趣"的短视频，吸引用户的注意力。

3. 创造野趣，为用户纾解压力

现代都市人每天身处高楼大厦之中，很多人特别向往乡村田野、山水如画的生活，富有"野趣"的田园生活类短视频能够快速吸引都市人的目光。

---

1 网红产品：指在网络上走红的商品。

以分享田园生活出名的李子柒,也在运营视频号,她的短视频点赞量颇高,原因之一就是她的视频充满"野趣",富含人们平常接触不到的"野"味生活,能吸引现代都市人的关注。

4. 升华意趣,使用户回味无穷

有些短视频将哲理、经验等融入趣味性的内容之中,让人观看以后能够获得某种感悟,精神得到升华。这类短视频看似平淡,却立意深远,让人看完后回味无穷,吸粉效果也很不错。

例如,视频号"一禅小和尚",其视频内容主要是漫画形式的小故事,他的视频中,常常会有一些趣味性内容,这些趣味性内容蕴含着一些人生哲理,令人看完后意犹未尽。

在视频号的运营过程中,"趣味点"可以转化为信息元素,作为品牌商和大众沟通的桥梁,从而快速拉近品牌与受众的距离。

3.1.4 真实的生活分享:越普通,越有人气

短视频之所以能够成为互联网的基础应用,其中的重要原因就是它契合了人们的生活化认知。这里的生活化认知,除了用户经常用生活中的碎片时间观看短视频外,还在于短视频的内容大多是生活化的,且越普通、越"接地气"的内容,越容易获得用户的认可。

这一点无论在哪个短视频平台都适用,视频号也不例外。在视频号内容打造上,坚持从生活出发,真实地反映生活,能使作品具有浓郁的生活气息和生活情趣。

生活化的内容,针对的就是那些喜欢默默观看,几乎不发表评论的"潜水党",这些用户觉得自己没有什么特长,但生活化的内容能让他们参与讨论,将这些用户"激活"。

笔者曾经发起过"早上7:00,晒一下你家窗外的阳光"这样一个话题,就是这样一个简单的、生活化的话题,吸引了很多用户参与互动。

生活化内容生产博主在视频号上颇受欢迎。例如,视频号"朱成英"

的内容主要为家庭生活日常记录，博主朱成英小学毕业，文化程度不高，她记录的教育孩子和照顾奶奶的短视频，虽然几乎没有对话和台词，但正能量满满，传达了中华民族一直宣扬的"孝道"和"传承"的精神。

正是这种普通人真实生活的分享，引起了更多人的共鸣。截至2021年4月6日，朱成英共有33个作品点赞量达到10万+。

这些生活化的短视频之所以能够得到用户的认可和喜欢，是因为它们是真实存在的，既没有浮夸的表演，也没有不符合实际的场景。之所以令人感动，是因为用户能够通过这些短视频，看到自己的生活。

普通人追求梦想，在困境中奋发斗志，在平凡中成就伟大事业，这些故事通过一个个短视频传播出去，给用户全新的感受，潜移默化地影响着他人。

3.1.5 情感共鸣分享：戳中人心＋原创，粉丝黏性强

人类生来就有七情六欲，看到不同的事物，就会有不一样的感受。视频号的内容可以表达喜、怒、哀、乐，只要能充分调动用户的情绪，就是有灵魂的佳作。

我们经常能看到一条内容简单的短视频有着数百万的点赞量，评论数和转发数也相当之高。这就充分说明，视频号用户十分注重内心感受，一旦某个点戳中自己的内心，用户就会不遗余力地表达对这条短视频的喜爱。

情感是最有说服力的演说家。在经济学上有一个专业术语叫作情感营销，是指在产品营销的过程中，从消费者的情感需要出发，来唤起消费者的情感需求，寓情感于营销之中，让有情的营销赢得无情的竞争。

同理，视频号运营者需要将感情融入内容创作中，精准戳中用户的情感痛点，使短视频的张力得以最大限度地发挥，引起用户的共鸣。

例如，前文提到的"夜听刘筱"，就抓住了用户的情感需求，同时收集用户的真实情感故事，与用户共情，以此吸引用户关注。

在生活中我们常有这样的体验：看到一个笑话，笑完后很快就会将这个笑话遗忘，但看到一篇戳中自己内心最柔软部分的文章时，即便是合上书本，心情也会久久难以平静，会沉浸在文章的情感氛围中。

在视频号运营中同样如此，情感类视频号的用户黏性往往更强，因为其给用户留下了更为深刻的印象，用户认为视频号运营者"懂他/她"，会和视频号运营者建立一种惺惺相惜的"知己"关系，这种关系一旦建立，便很难割舍。

3.1.6　创始人成长分享：先天优势明显，契合视频号基调

在视频号中，企业或品牌创始人亲自下场运营的人数占比远高于其他平台，如星辰教育创始人肖逸群，新商业女性创业营创始人胡萍，以及前文中提到过的"十点读书"的创始人林少，"灵魂有香气的女子"创始人李筱懿等，这些"大佬"创始人，在视频号运营中都取得了不错的成绩。

为什么这些创始人愿意从繁忙的工作中抽出时间来运营视频号？原因就在于创始人运营视频号相对普通人来说，具有得天独厚的优势。

1. 社交影响广泛，算法最大化加持

企业或品牌创始人的社交关系通常比较广泛，他们的微信好友不仅人数众多，且有很多都是相关领域的重要人物。依托这些社交关系，创始人能够相对容易地获得初始点赞和传播，从而形成正向反馈。

以笔者自己为例，我共有7个微信号，每个微信号有3000~5000个好友，还运营着多个微信群，群内人数总和达到20万人。这对于我运营视频号大有裨益，在初期启动阶段，我将自己的视频号内容发布至朋友圈、社群，就已经能帮我获取了不少的点击量。

2. 对行业趋势敏感，能抓住时代热点

企业或品牌创始人，通常能够在第一时间获取行业资讯，且对行业发展趋势较为敏感，能够抓住时代热点，这对于视频号运营颇有益处，

能够源源不断地获得先人一步的热点素材,形成独有的内容竞争力。

3. 专业能力强,内容含金量高

企业或品牌创始人的专业素养通常较高,且人生经历丰富,他们运营视频号的过程,也是他们向用户输出知识与价值观的过程。这种汇集了前人智慧的短视频,含金量较高,更容易获得用户的喜爱。

4. 产品供应链完整,变现能力强

企业或品牌创始人拥有完整的产品供应链,这对于运营视频号完成变现极有好处。当许多运营者还需要与产品供应方谈合作时,企业创始人已经可以直接为自己的产品或品牌"代言",既能够保证自身利益不被瓜分,又能够随时随地获取产品信息,降低了变现成本。

这些先天优势吸引了大批创始人入驻视频号,只要这些创始人能够真诚并坚持不懈地运营视频号,通常都会取得好成绩。

3.2 视频号爆款内容生产的 3 大思维

视频号与其他短视频平台有着天然的区别,这些区别的存在决定了视频号运营者在打造视频号爆款内容时,需要具备与视频号特性相契合的思维。运营者的思维对于视频号内容的打造具有重要影响,基于视频号的特质,打造视频号爆款内容需要具备以下 3 种思维。

3.2.1 航母思维:瞄准视频号,布局微信生态圈

运营视频号的最大要义是布局微信生态圈。运营视频号时,运营者不仅要发布短视频,也要同步运营公众号、小程序、小商店,还要布局自己的私域流量——个人微信号、社群、企业微信等,这显然和纯粹只发布短视频内容的抖音、快手等短视频平台不同。

如果一个运营者入驻视频号,却只片面、割裂地运营视频号,不着

手搭建微信生态圈,那么说明他从一开始就搞错了方向。

视频号在微信生态圈中仅仅是一个引流的小模块,只不过目前这个模块举足轻重。以视频号为切入口,将整个微信生态圈联系起来运营才是王道,因为微信的生态是一个整体。

微信目前的内容体系就像是一艘航空母舰,公众号是这艘航空母舰上较为神勇的"战列舰",帮助微信守好阵地;视频号则是一架架"战斗机",它们以航空母舰为着陆点,在茫茫大海上攫取流量,然后输送回主舰;个人微信号和微信群就是航空母舰的"加速跑道",助力战斗机飞上天空;小程序和小商店,则像这艘航空母舰的"燃油动力系统",通过它们在微信生态中完成商业变现,为后续发展提供动力……如图3-2所示。

微信生态圈是共生的航空母舰,视频号一旦脱离主舰,如果不能及时返回,就无法享受到主舰提供的各种福利支持,甚至可能会因能量枯竭而坠毁;而航空母舰上的其他模块,如果不通过视频号获得流量,也将难以维系,整个航空母舰就会丧失战斗力,成为没有武器的"空壳"。

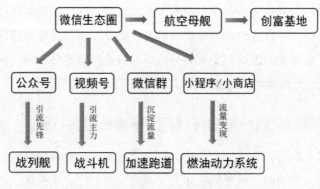

图 3-2 微信生态圈的"航母系统"

3.2.2　老虎机思维：一口气生产 N 个游戏币

许多视频号运营者在与笔者沟通、交流时，曾困惑地说："我不知道我这条短视频发出去之后，将获得多少流量，也不知道能不能上热门。"

这句话其实反映出一个现象，那就是视频号能否上热门主要依靠算法推荐，是不受运营者控制的，这就使得视频号"出圈"变成了一件非常玄乎、无法预测的事情。

所以运营视频号，有的时候就像是在玩老虎机，无论玩家对老虎机的操作多么熟练，每次按下弹射按钮时，能做的也只是在心里默默祈祷能够得到好结果，因为这条短视频能不能火爆，是一件"看运气"的小概率事件。

提高短视频火爆概率的唯一方式，就是用数量弥补概率，把不确定性降到最低。这就好比一个人他拥有无数个游戏币，他就可以玩无数次老虎机，那么他中奖的概率就会远远高于其他人。

老虎机思维运用在视频号内容生产领域，是指视频号运营者在尝试运营视频号的冷启动阶段，要注册多个账号，策划很多内容分别"试水"，哪个账号数据表现出色就着重运营哪个账号。

这么做的原因在于，运营者在发布作品后，视频号平台会帮助运营者将作品推荐给其他用户观看，然后根据作品的点赞数、评论数等数据指标，来判断是否要将作品推荐给更多用户观看，如果作品初期的数据表现良好，就会得到平台的大力推荐。

视频号运营质量数据指标如图 3-3 所示，这些指标表现良好，说明该账号值得着重运营。

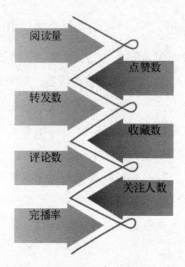

图 3-3　视频号运营质量数据指标

对于创业者、商家或企业而言，入局视频号初期，要想仅凭一个视频号就成功突围是非常困难的。在孵化视频号的过程中，初期数据表现效果至关重要，通过这些数据表现，几乎可以断定该视频号的后续发展结果。

笔者观察过自己视频号作品的点赞数，发现如果一条短视频的点赞数超过 500 个，那么这条短视频的播放量破万次的概率就很大。

虽然不同视频号的内容不一样，粉丝的活跃程度也不一样，数据表现效果不能仅凭点赞量的多少判断，但如果一个视频号每条作品的点赞数都很多，那么这个视频号比较受用户欢迎是毋庸置疑的，这将为该视频号持续吸粉奠定基础。

笔者也观察了自己视频号作品的评论数，发现评论数量的多少与作品涉及话题的热度息息相关。例如，我曾在一条短视频中，发表了对近期人们讨论比较多的词语"内卷"的看法，这个带有一定热度的词语，就引起了用户的热烈讨论，纷纷发表自己的看法。

在持续的运营过程中，视频号运营者如果发现一个账号上的多条短视频都有较高的话题热度，多方面的数据表现都不错，那么就可以将运营重心从运营多个账号转移到运营这一个账号上来，坚持日更，将会获得不错的效果。

3.2.3 纵向思维：IP 越垂直，效果越好

纵向思维，是指视频号运营者需要着眼于一个领域，向下钻研，打造垂直 IP。

通过与各类视频号运营者的沟通和交流，笔者发现了一个奇特的现象：凡是在内容打造上不坚持一个风格，不延续同一类型，而是"东一榔头西一棒槌"，数据表现都不是很好。

如果粉丝数量一致，内容不垂直的博主的商业变现率，也远低于垂直领域的博主。同时，内容领域越深入、越细化的博主，变现能力越强。

这些现象存在的原因与视频号的算法机制密不可分。视频号平台会给运营者"贴标签"。每个运营者的标签越明显，就越容易被平台推荐给对该领域感兴趣的用户。

标签是视频号推荐系统对运营者的作品通过归纳、解析后得到的最有价值、最具代表性的信息，是用户对视频号内容的认知和理解。视频号推荐系统会深度识别视频号特征，对视频号作品进行词语理解和图像识别，从而提取出最有价值、最吸引人的信息。

视频号标签越精准，短视频越容易获得视频号平台的推荐，越容易被用户看到，吸引对该标签内容感兴趣的精准用户，更有利于企业视频号运营者变现。

笔者主打的技能教育培训领域，早在创业之初就已确立下来，这么多年来，我始终围绕技能教育培训领域发展业务，形成了独特的竞争力。

视频号运营者在进入垂直领域时，可依据差异化定位法，找到同类视频号的不足之处，并从同类视频号的不足之处入手创作短视频内容，体现与同类视频号的不同之处，跳出同质化竞争。

视频号内容的差异化定位可分 3 步进行，如图 3-4 所示。

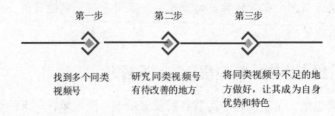

图 3-4　视频号内容的差异化定位步骤

以美食类视频号为例，其视频号内容定位可以按照如下步骤考虑。

第一步：视频号运营者观看大量其他美食类短视频，并对这些短视频进行研究、分析。

第二步：通过研究，视频号运营者发现绝大多数美食类短视频都以探店品尝美食、分享制作技巧为主，缺少对美食文化的研究。

第三步：视频号运营者确定将"美食文化"作为视频号内容的核心主题，打造"分享美食+美食文化介绍"的视频号内容，传递美食文化，使视频号内容更具文化价值。

通过差异化定位法，视频号运营者可以更加"特立独行"，在垂直领域吸引精准用户，提高转化率。

3.3　一条 15 秒视频号内容打造的 3 个阶段

每个视频号的内容方向、风格特色都不尽相同，但了解了众多视频号头部账号的内容打造规律后，可以总结出视频号内容打造的 3 个阶段，在打造每条短视频内容时，都可以分 3 个阶段进行。

3.3.1 第一阶段（0~3秒）：做复读机，输出知识

视频号上一条短视频的时长，通常在 15 秒 ~5 分钟不等，其中，一条短视频前 3 秒的内容，几乎决定了用户是否会继续观看后续内容。

根据相关数据统计，绝大多数用户在看视频号时，如果在一条短视频的前 3 秒没看到自己想看到的内容或吸引自己的内容，用户就会直接将短视频划走。

因此，短视频前 3 秒的内容至关重要。在视频号内容打造的第一阶段，需要运营者做"复读机"，输出知识。

所谓做"复读机"，就是引入一个话题、观点、故事或现象，将其复述出来。这个话题、观点、故事或现象，既可以是自己的真实经历，也可以是时下热点话题，还可以是生活中的感悟等。

例如，萧大业在一条主题为"教育要心中有爱"的短视频开头，引入了这样一个故事："俩孩子玩游戏很入迷，吃饭了也不肯下线，一位妈妈叫不动，干脆就愉快地把饭端上来，让他边吃边玩，不让孩子别扭；而另一位呢，看着叫不动，自己吃完了把饭菜倒进了垃圾桶，惩罚孩子不给他吃了。"

通过萧大业对孩子玩游戏入迷不肯吃饭这一故事的简单陈述，一个生活中经常出现的场景瞬间在用户脑海中搭建起来。此时，在生活中遇到同样情况的用户，将会有很大可能继续观看后续内容，还有一部分用户可能会好奇这两位妈妈到底谁的方法是正确的，也会选择继续观看后续内容。

萧大业的这条短视频，就成功地完成了短视频内容前 3 秒的任务：从设置场景到引起用户兴趣。

事实上，设置场景的方法有很多，除了口述故事，还可以插入一些吸引人眼球的视频，或是放置一些截图等，但一定要调动起用户的情绪，如表 3-1 所示。

表 3-1　视频号内容前 3 秒设置场景的作用

作用	实质
引起共鸣	讲述与用户相同的观念、遭遇或经历
引发好奇	激起用户的好奇心、求知欲
利益相关	与用户自身利益息息相关的内容，包括群体利益、地域利益等
感官刺激	能够给予人们感官刺激的内容，包括视觉刺激、听觉刺激等
强烈冲突	带有强烈冲突色彩的内容，通常表现为角色身份的冲突、常识认知的冲突、剧情反转的冲突、强烈反差营造出的戏剧性和趣味性等

很多运营者可能会困惑：是不是只有知识类视频号可以采用这种方式引入呢？其实不然，其他类型的视频号在内容打造上同样可以通过这样的方式引入。

例如，娱乐类企业视频号网易哒哒的一条主题为"不爱洗澡的古人"，第一阶段的内容就引入了白居易的诗句"经年不沐浴，尘垢满肌肤"，然后描述了白居易一年到头都不洗澡，偶尔洗一次，身上的泥都被搓下来好几斤的画面，成功颠覆了白居易在人们心中的形象，引起用户的好奇，也极富趣味，亮点十足。

3.3.2　第二阶段（3~10秒）：知识转化，做自己

引入一个话题、观点、故事或现象之后，视频号运营者紧接着需要打造第二阶段，即短视频 3~10 秒的内容。

这部分内容是一条短视频的核心，是用户能够记住并喜欢这条短视频的关键。在这一阶段，视频号运营者需要做的是进行知识转化，做自己。

所谓知识转化，就是对前一阶段引入的话题、观点、故事或现象进行解读，剖析其本质。

例如，萧大业的"教育要心中有爱"的短视频，引入两个妈妈的不

同做法后，紧接着对后一位妈妈的做法进行了分析，他指出："这位妈妈认为，要求他（孩子）吃饭的时候，他就必须放下游戏，这样才能学会专心吃饭，如果给他完全的自由，孩子就会得寸进尺，通过惩罚给脸色讲道理，可以让孩子知道底线，从而养成好习惯。"

通常情况下，一些用户会认为这种做法是正确的，但萧大业对此给出了自己的见解："但事实并非如此，孩子是一个独立的人，有丰富的内心世界和情感，如果妈妈内心是心有灵犀、轻松自在、充满爱的，那无论把饭菜怎么处理都很好，但如果妈妈愤怒怨恨，怎么做孩子都会很难受，其实影响并刻进孩子心里的，并不仅仅是父母的行为，更重要的是和父母的情感关系。"

萧大业通过对人们在生活中面临的具有共性的问题进行剖析，传达出自己的教育观念，这种与众不同的教育方式更能引起用户的注意。

在第二阶段，视频号运营者打造的内容应当具有以下作用，如表3-2所示。

表3-2 视频号内容第二阶段"做自己"的作用

作用	实质
引起思考	引起用户更深层次的思考
满足幻想	满足用户平时无法实现的幻想
获取价值	用户能够从中收获有价值的信息
带来愉悦	给用户愉悦感

在这个过程中，视频号运营者需要突出自身的个性和特色；鲜明的人物特色或独到的观点见解，是视频号内容区别于其他短视频内容、在同质化竞争中脱颖而出的关键。

值得注意的是，在打造个人特色的过程中，视频号运营者也不能为了标新立异而与主流观念背道而驰。以一种温和的姿态表达正能量的观点，是视频号内容运营第二阶段最合适的做法。

3.3.3 第三阶段（10~15秒）：以产品的形式输出内容，做产品经理

在视频号内容生产的第三阶段，需要融入营销思维，将短视频内容以产品的形式输出给用户。

在视频号的信息流中，很多用户不会深究某一条短视频的内容，而是"看完就划走"，然后接着看下一条短视频。用户能够坚持看完一条短视频，往往代表这条短视频内容成功吸引到他们。此时，在视频号结尾如果有一段文字介绍或固定的Slogan，引导用户关注、点赞、转发或是购买产品，将会更有效地促进转化。

归根结底第三阶段的内容是对运营者个人品牌的打造，这句固定的Slogan是与运营者个人品牌的强绑定，要突出运营者个人特色，形成记忆点。可以采用"口播+文字"的形式或是图片形式，强调品牌信息。

许多头部运营者都会在视频结束时以一句话强调个人品牌或引导用户关注、点赞。例如，萧大业的"爱大叔，不如爱大业"；李筱懿的"我是李筱懿，喜欢就双击屏幕点赞吧"；"秋叶PPT小美"的"点击下方蓝字，可以系统学习PPT哦"……

这种带有引导性的话语，就像是视频号运营者在推销自己或产品，运营者千万不要忽视这种"顺口一提"的效果，有时候可能就是这一句"顺口一提"的话，让用户记住了运营者。

以"秋叶PPT小美"的"点击下方蓝字，可以系统学习PPT哦"结束语为例，如果小美在短视频结束时不说这样一句话，很多用户可能会忽略短视频的文案，而她说了这句话后，对"系统学习PPT"感兴趣的用户，就会顺着"小美"的提示，打开公众号文章，浏览公众号文章后，又可能直接报名购买PPT学习课程，这就是这一句话的意义所在。

3.4 视频号内容的 4 个个性化推荐机制

视频号有两大主要算法推荐机制,即社交推荐机制和个性化推荐机制。其中,对个性化推荐机制进行深入研究,可总结出视频号独有的 4 个个性化推荐机制,包括地理位置推荐、兴趣爱好推荐、时事热点推荐和优质内容反复推荐。

3.4.1 地理位置推荐:打通"附近的人"

地理位置推荐是一种基于位置的服务,是指通过移动运营商的无线通信网络或外部定位方式(如 GPS)获取移动终端用户的位置信息,在地理信息系统的支持下,为用户提供附近运营者视频号内容展示的服务。

该推荐机制的达成需要满足两个条件,一个条件是确定用户所在的地理位置,另一个条件是将视频号运营者发布的内容呈现到其附近用户能够看到的区域。对于视频号运营者而言,地理位置推荐机制能够帮助其获得附近用户的关注。

目前,微信"发现"页面中"附近的人"这一页面名称已改为"直播和附近",用户在这一界面可以看到附近的人发布的视频号内容和正在进行的直播,且这一页面新增了 9 个细分版块,包括"推荐""同城""颜值""才艺""购物""新闻""教学""游戏""日常生活",如图 3-5 所示。

图 3-5 微信"直播和附近"界面

通过这一页面,视频号运营者发布的短视频和直播内容,可以被更多同城用户看到,分类也更加垂直,视频号平台会优先推荐本地内容给用户。

对于视频号运营者来说,带有明显的地域特色或地区标志的内容更有利于连接附近用户,增加曝光率。实体企业可以通过附近的人获客,普通个人可以通过附近的人进行引流。同时,地理位置推荐机制与社交推荐机制可以同时触发,用户在观看附近运营者发布的短视频内容时,如果点了赞,那么这个用户的其他好友也会看到这条短视频。

假设一家餐厅发布了宣传自家美食的短视频,并进行了定位,给出了餐厅的具体位置,其附近的用户如果看到了这条短视频并点了赞,那么这些附近的用户将极有可能在需要用餐时,去这家餐厅"试试",这就是视频号地理位置机制的意义所在。

例如，视频号"丽水市田添缘食品店"，不仅在自己的账号上加上丽水市这个地域标签，在发布短视频时，也定位在丽水，如图3-6所示。看到这条短视频的丽水市用户，很可能会产生一些疑问："咦，我的附近还有这样一家食品店吗？""他是卖什么食品的？"……用户若对该运营者产生好奇，极有可能点开该运营者的个人主页，查看其详细信息，甚至直接前往该运营者的店铺消费。

图 3-6 视频号"丽水市田添缘食品店"的短视频

3.4.2 兴趣爱好推荐：满足用户偏好

视频号首页目前有3个版块，即"关注""朋友"和"推荐"，其中，"推荐"版块的内容大多是根据用户的兴趣爱好推荐的用户"可能会喜欢"的短视频。

例如，笔者曾在视频号中搜索过关键词"美食"，随后，当我打开视频号"推荐"版块，第一条就是主题为"意大利脆皮五花"的美食类短视频，如图3-7所示。

图 3-7 视频号推荐页面的短视频

视频号个性化推荐机制,就是先给用户贴"标签",然后根据这些标签,给用户推荐相应的短视频内容。其中,最重要的"标签"来源,就是用户曾经点赞、反复观看、搜索或分享的短视频内容。

视频号平台会在用户点赞过、反复观看过、搜索过或分享过的短视频中,提取内容关键词,通过大数据算法,根据这些关键词,推荐相似的内容给用户。

例如,一位女性喜欢观看与孩子教育相关的短视频,视频号平台就会给这位女士贴上"家庭教育""母亲""孩子"等标签,然后推荐她可能感兴趣的短视频内容。

依据这一推荐机制,视频号运营者在发布短视频时,需要添加相应的话题,找准关键词,这样更有可能得到视频号平台的推荐,获得更加精准的目标用户。

3.4.3　时事热点推荐:热点"看一看"

在微信"看一看"页面中,以前只展示好友点赞过的微信公众号文章,但最近新增了"热点广场"版块,其中有一个重要栏目"热点视频",就是视频号上与时事热点相关的短视频,如图3-8所示。

但并非只有"看一看"页面会推荐与时事热点相关的短视频,在视频号首页的"推荐"版块中,同样会随机推荐一些与时事热点相关的短视频。

"新榜"数据平台第66期中国微信500强月报显示,在触发"相关阅读"的公众号文章中,热门话题"高考""乘风破浪的姐姐""外交部""美国"等关键词频频出现,更容易触发系统内容推荐机制。

视频号同样如此,这一推荐机制的存在,实际上是告诉视频号运营者:在进行视频号内容创作时,多结合时事热点,将会为短视频成为"爆款"添柴加薪。

笔者在视频号"秋叶读书"上曾经发布过一条短视频,是写给女儿的一封信，女儿是2020年高考考生，彼时她即将踏上高考考场。借着"高考"这个热点话题，笔者讲述了对女儿的告诫："高三时你会以为人生最可怕的是高考；等你大学毕业，以为人生最可怕的是找工作；等你进入职场，你会认为人生最可怕的是买房结婚……其实人生每个阶段，都要面对不同的挑战。高考就像一场马拉松，能坚持到最后不放弃，你已经赢了。"

这条短视频最终获得1.7万点赞，评论量也远超已发布的其他短视频，成功将个人观点与热点话题相结合，吸引了用户的注意，如图3-9所示。

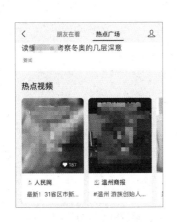
图 3-8　热点视频推荐

3-9　"秋叶读书"视频号内容

3.4.4　优质内容反复推荐：好的内容经得起考验

打开视频号首页的"推荐"版块，会发现系统给我们推荐的短视频，通常点赞量、评论量等数据表现都非常好，那些数据表现不好、点赞量少、几乎没有用户观看的视频，很难得到视频号平台的推荐。

这是因为视频号会根据用户的反馈，优先推荐内容质量高的短视频，且那些内容优质的短视频会被反复推荐。简言之，就是我们发布一个作品后，视频号平台会将这条短视频先推荐给一部分用户观看，然后根据这条短视频的数据表现，决定是否继续推荐这条短视频给更多用户观看。

在视频号冷启动阶段，利用社交推荐机制，在自己的社交圈内扩散，能够获取一部分播放量、点赞量和评论量，但这并非长久之计。要想让视频号内容扩散的范围更广，最重要的依然是内容的质量。人为点赞、评论的意义并不大，如果运营者的朋友在没有看完一条短视频的情况下直接点赞，系统可能会认为该运营者是在作弊。

在运营视频号的过程中，笔者发现有些短视频在发布后的前几天播放量非常高，随后播放量不断减少；但有些内容质量较好的短视频，会在沉寂数月后，突然"火爆"起来，这是因为视频号平台对优质内容的反复推荐，使得短视频产生了长尾效应。

使视频号内容更易被推荐的因素，总结如下。

- 点赞、评论、完播率数据好
- 陌生人点赞多
- 总有新陌生人点赞
- 看完再点赞
- 观看者点赞后又评论
- 转发到朋友圈或微信群
- 看完这一个视频后，又看了同一个视频号更多短视频
- 用户看完短视频后关注了运营者账号

总之，视频号运营者要想获得更多流量和推荐，关键在于打造优质内容，那么，究竟哪些内容更容易"上热门"呢？笔者同样进行了总结。

- 内容健康，不涉及低俗和争议内容
- 原创度高，创新度强
- 视频清晰度高、封面有冲击力
- 内容完整，可以配音解说，让用户更好地理解你的作品

第 4 章
7 个变现 SOP，30 天上手视频号变现

4.1 好友变现

对于微信好友人数众多的运营者而言，好友人脉资源变现是最基础的变现渠道。利用好友人脉资源变现，可以通过以下 2 种方式达成。

4.1.1 转发短视频、直播到朋友圈

朋友圈是视频号的重要推广途径，将视频号转发至朋友圈，就是一个小型的宣传广告。视频号运营者既可以将自己的视频号转发至朋友圈，向微信好友展示，为后续视频号变现打下基础，也可以承接其他视频号的朋友圈宣传推广，收取一定的广告费用。

朋友圈好友基于对运营者的信任，在看到其推荐的短视频时，可能会出于好奇点击观看，如果恰好好友对短视频中推荐的内容有需求，那么很可能会购买短视频链接中的商品，完成变现。

视频号"秋叶 PPT 小美"在朋友圈对视频号的宣传如图 4-1 所示，通过将视频号内容分享至朋友圈，小美首先获得了免费的"好友"流量，能为视频号后续的传播和扩散奠定基础。

视频号直播也可以在朋友圈分享，以吸引好友进入直播间。

微信好友在朋友圈分享视频号直播间，如图 4-2 所示，通过分享这

一视频号直播内容，视频号运营者会给予分享者一定的"广告费"。

图 4-1　朋友圈宣传视频号

图 4-2　朋友圈分享视频号直播

朋友圈转发、推荐这一变现模式的门槛很低，可以说只要有微信好友，就可以通过这一方式变现。微信好友越多，获得的报酬也越丰厚。

4.1.2　做微信群互评推广联盟

微信群互评推广模式，原本是基于运营者互相推荐的信任关系而存在的，双方不存在利益交换。但在许多互评推广群内，运营者会将这一模式扩大，变成有偿形式。运营者在群内发一个红包，要求领取红包的其他运营者点击、关注自己的视频号，如图 4-3 所示。

图 4-3　微信群互评推广联盟

此外，运营者还可以"明码标价"，说明自己点赞、关注一个账号的价格是多少，有意向合作的运营者可以照价付款，双方达成合作。通过微信群互评推广联盟，运营者可以成功实现"动动手指赚小钱"。

4.2 ▸ 小领域 IP 变现

淘宝直播的"一哥"李佳琦和"一姐"薇娅,在入驻视频号前期的表现有所不同。薇娅在入驻视频号时,从发布的第一条短视频开始,就严格按照规律发布相似内容,而李佳琦前期在视频号发布的短视频风格各异,内容差别很大。

果然,薇娅前期发布的视频每条点赞量都有几千个,而李佳琦发布的则只有几十个。看来即便是自带流量的大 IP,如果发布的内容没有章法,不符合自身定位,也很难获得用户的认可。

对于小领域垂直 IP 而言,最重要的是先找准定位,在这一领域进行深层挖掘,坚持输出这一领域内的优质内容,然后通过社群、朋友圈等方式扩散,实现视频号带货变现。

4.2.1 打造电商矩阵

想要差异化发展并取得规模化优势,打造电商矩阵是较为有效的战略方向。所谓的电商矩阵是指同一公司或同一运营者拥有多个视频号账号、公众号账号、抖音账号等,每个账号推广的产品不同或者侧重点不同但均有连接点,账号与账号之间能建立连接,通过横向的视频号运营策划互相引流,打通粉丝,提升账号的商业价值。

例如,视频号"老爸评测 DADDYLAB",就曾借助"3·15"[1]这一热点,发布以化妆品真假鉴别为主题的短视频,并剪辑不同版本的短视频分别发布到视频号和抖音平台上,并在视频号底部带上微信公众号相关文章链接,为微信公众号引流,如图 4-4 所示。

1　3·15:每年的 3 月 15 日是国际消费者权益日,央视会在这一天举办晚会,抵制和揭露假冒伪劣产品,维护消费者权益。

图 4-4 "老爸评测 DADDYLAB"的视频号内容

不同账号和不同产品、不同用户组合,会形成不同的电商需求。经过多重组合,运营者可以不断通过社交裂变的方式低成本地获取更多新用户,从而降低成本,提高变现效率。

4.2.2 直接带货

前文中已经提过,变现是运营者第一天运营视频号时就需要考虑的重要问题。许多运营者担心一开始就营销会影响用户体验,希望运营一段时间,等粉丝忠诚度更高时再开始营销。但如果运营初期不进行营销,那么后期突然出现营销内容时,粉丝的接受度反而更低。

视频号运营与商业变现息息相关,变现可以增强运营者的信心,让运营者能够拥有更加充足的投入资金,帮助运营者打造更高质量的内容。

所以,在视频号中直接带货也并非不可。例如,视频号"金铃读书"便在其视频号中直接放上了书籍信息,吸引用户购买,如图 4-5 所示。

4.2.3 引流至个人微信

将视频号粉丝引流至个人微信,实现持续变现,是流量沉淀的重要方式,适合微商或企业等通过个人微信卖货的运营者。

运营者将视频号流量引入个人微信的方式有很多，包括在视频号个人简介留下微信号，在作品的评论区留下微信号，在链接公众号时留下微信号，视频号文案区留下微信号和在发布的视频中直接引流等。

例如，视频号"金大班的搭配师"，首先搭建了许多同类型的矩阵账号，如"金大班穿搭记""金大班的穿搭日常""金大班日常穿搭"等，在这些视频号个人简介中加入个人微信号信息，引导用户添加其个人微信。

将用户引流至个人微信，对于视频号运营者实现商业变现具有7大优势，如表4-1所示。

图 4-5　　　　　　　图 4-6　"金大班的搭配师"个人微信引流

表 4-1　添加用户微信实现商业变现的 7 大优势

序号	优势	作用
1	拉近与粉丝的距离	进一步宣传、促进成交
2	个人微信可免费群发信息	免费宣传
3	与粉丝即时一对一聊天	加强联系、顺畅沟通
4	查看粉丝朋友圈，了解粉丝喜好	了解用户需求
5	个人微信好友可重复利用	反复成交
6	个人微信好友可以引流到所有平台	扩大全平台影响力
7	与粉丝建立信任关系	促进转化、提高成交率

事实上，无论公众号、视频号还是抖音、快手，这些互联网平台虽然让运营者有了粉丝，但运营者与粉丝之间，始终隔着一堵无形的墙，这堵墙令运营者与粉丝的沟通不及时，粉丝能够看到运营者的视频，运营者对粉丝的生活却一无所知。

当粉丝添加了运营者的个人微信后，这些问题将迎刃而解。微信用户每日都会高频次地打开微信和朋友圈，运营者能够通过粉丝的朋友圈了解其兴趣、爱好，还可以随时发起一对一聊天，包括文字聊天、语音和视频聊天等多种方式。

此时，运营者与粉丝形成了一种"知心朋友"的关系，不再只是陌生人。

建立"知心朋友"关系后，粉丝会更加信任运营者，当运营者向粉丝宣传产品或服务时，成交的可能性会更高。同时，若朋友关系一直维系，能够促成多次、反复成交。粉丝使用运营者宣传的产品或服务后，如果感觉效果良好，可能会反复回购；运营者多次推出不同产品或服务，粉丝也能第一时间接收相关广告信息，可能再次购买。

总而言之，个人微信就像池塘，运营者可以不受时间、地点、次数的限制，向池塘中投放各种广告信息，从而更有效率、更具针对性地变现。

4.3 专业技能变现

对于具备专业技能的运营者而言，专业优势同样是变现优势。专业技能变现，是指了解某一领域的专业知识，具有一定见解并能持续创作的运营者，通过输出专业知识的方式获取流量，进而通过带货、卖课等方式变现。

专业技能可以是摄影技术、美食制作技术、PS 技术、PPT 制作技术、短视频运营方法甚至是手账做法等，没有特定要求。

利用专业技能变现的优势就在于运营者具有专业经验。专业知识在哪里都能学,但经验属于稀缺资源,并非书本上能够获取的。用户通过视频号学习知识,是希望能够更快掌握相关技能,他们没有时间慢慢体悟,所以希望有一个有经验的人来指导他们,使他们学到精髓。

4.3.1　每一条视频号带一个默认链接

每一条短视频可以带一个默认链接,专业技能类视频号运营者可以将专业知识课程、训练营或干货文章链接放在此处,用专业知识吸引更多流量。

设置专业技能知识链接,能够让用户学到更多因短视频时长限制而无法学到的专业知识。例如,英语教育类视频号"英语雪梨老师",就在其主题为"各种蔬菜的英文单词"的短视频下方,添加了"点这里加雪梨老师好友,进直播学习群"的链接,使用户在学完各种蔬菜的英文单词后,还能了解其他的英语知识,进一步增强用户黏性,如图4-7所示。

图4-7　知识内容链接

在作品下方带链接并非只有利用专业技能变现的运营者可以使用,几乎所有的视频号运营者都可以使用这一方法。"新榜"数据平台发布的《2020中国微信500强年报》显示，45.5%的视频号运营者曾经在作品中带上链接，且大多用于微信生态链条的转化。

例如，视频号"全民吃货"，发布了一期主题为"高山上面的苹果熟了，又脆又甜好吃"的作品，点赞量达到10万+。"全民吃货"的运营者透露，短视频链接的售卖苹果的公众号文章阅读量达到了28万，累计销售了近2万单苹果，利润超过10万元。

事实上，任何内容都可以以文章链接的形式，放置在视频号下方，包括广告宣传信息、销售带货信息、个人微信号、社群信息等，每条短视频下方带一个链接，对实现变现、扩大个人或企业品牌影响力、增强用户黏性等都大有裨益。

4.3.2 引流至粉丝群辅助网课、训练营销售

具备专业技能的视频号运营者有一种较好的变现方式，即开设网课、训练营等课程教学，用户报名参加课程班，缴纳学费，然后在线上完成课程学习。

课程变现是依托短视频行业的巨大消费市场和用户规模而出现的一种新型内容营销模式，也是知识付费变现的经典方式之一。目前，越来越多的人借助网课学习生活和工作技能，而网课也以性价比高、自由度高为核心优势，成为移动互联网时代的新型学习方式。

课程变现之所以能得到迅速发展，主要有以下3个因素。

（1）时间因素。当今社会的学习与工作压力巨大，许多人会因为挤不出时间学习，或者面对复杂的信息无从下手而产生"知识焦虑"。"短而有用"的短视频课程能够减少用户的学习负担，能够满足现在的快节奏生活需求。

（2）成本因素。学员可以快速搜索想要学习的短视频课程并按需购买，学习时间自由，能够反复看、反复听，性价比极高。

（3）社交因素。社交是人们生活的重要组成部分，知识逐渐成为一

种"社交货币"。在短视频课程中学到的内容往往会演变成一种谈资，通过展示个人的喜好和素养，快速找到志同道合的朋友。

那么，如何通过视频号实现课程变现？

视频号运营者可以将课程制成短视频发布，吸引感兴趣的用户观看。视频号运营者在确定课程内容时，要了解潜在用户的信息，包括用户的兴趣爱好、年龄、地区等，根据用户需求调整产品定位。

例如，视频号运营者想要开设关于"文案"的网课，首先需要进行市场调研，从而得知对"文案"课程有需求的用户大多是22~35岁的上班族。他们大多集中在北上广深等大城市，有较高的消费能力和学习欲望，每晚8：00之后有空闲时间。

视频号运营者在获得了潜在用户群体的信息之后，可以按照他们的实际情况设计具体课程，如可以推出初出茅庐的文案新手课，也可以推出高阶文案进修班等。

除上述例子中的专业类课程外，许多稀奇古怪的教学也深受大众喜爱，如黄瓜的26种吃法、在家如何做葫芦丝、一秒钟变废为宝等。这类课程的兴起，使知识付费在下沉市场中也获得了生存机会，同时也给每个人提供了创造价值的平台和机会，让每个人都能发挥所长，实现课程变现。

最后，视频号运营者可以通过视频号链接引流。视频号本身就是一款线上产品，对于汇聚网络流量十分有效，在视频号中加入网课、训练营等课程教学培训班的广告信息，用户报名后即可参加课程，几乎没有门槛，而且操作十分方便、快捷。

视频号"糕小糕视觉笔记"，就在视频号链接中添加了自己的培训课程，引导用户报名，如图4-8所示。

图 4-8 "糕小糕视觉笔记"引流界面

4.3.3 用视频实现版权变现

视频号运营者是当之无愧的创作者,对短视频作品及衍生出的周边产品享有著作权。当视频号运营工作进入成熟阶段,视频号出镜人员在专业领域拥有固定粉丝群体且成功打造 IP 后,可以根据其阅历和资质出版书籍,或是售卖版权。

想要依靠图书出版盈利,作者需要在专业领域有较高的造诣,并且出版的图书类型需要与其专业领域相符。否则,即使作者在短视频领域拥有超高人气,但出版与自身契合度不高的领域的图书效果也不会太理想。通过运营视频号,笔者实现了版权变现,出版了多本职场教育培训领域、经济管理领域相关的书籍。

总体来说,图书出版与短视频的发展是相辅相成的,两者都以内容为核心,在"内容为王"的时代,视频号运营者可以将传统图书和新型媒介作为内容传播的载体,让有价值的内容能够被更多人看到。

另外,视频号运营者独立创作的每一张海报、每一幅漫画,甚至是人物形象,都受到《中华人民共和国著作权法》的保护,也都可以商用,可以以出售版权的形式,将创意、知识出售,实现变现。

4.4 直播达人变现

直播是视频号的一项重要功能。张小龙透露,微信将在下一个版本增设直播入口,他认为未来直播有可能变成一种很多人都在用的个人表达方式,短视频是有创作门槛的,因为要去做精美的内容,但是直播不用精美的内容,一个真实的直播应该是很轻松的。对于视频号运营者来说,直播是一个需要把握的风口。

2020年10月,视频号上线直播功能。视频号与直播是一种相互成就、不分彼此的关系。

2020年11月9日晚8:00,作家李筱懿开始了自己在视频号上的直播首秀,这场3小时18分钟的直播,观众人数达到6.5万人,出单量近2万,李筱懿因此被誉为"视频号图书直播一姐"。

2020年12月13日晚上,在全世界翘首等待双子座流星雨之际,摄影师李政霖用视频号做了场"陪你去看双子座流星雨"的直播。在这场直播中,实时评论和互动几乎没有停过,各种许愿和祝福内容"刷屏",最终观看人次超过102万,单场直播为李政霖涨粉超2万。

当视频号拥有一定的粉丝基础后,可以尝试利用直播变现。目前,直播变现的方式主要有两种:粉丝打赏和直播带货。由于粉丝打赏在视频号直播变现中所占比例较小,因此本节将着重讲解如何通过视频号直播带货实现变现。

4.4.1 直播前准备工作

通过直播带货变现,需要在正式直播前进行充分准备,主要为在直播前深入了解视频号各种功能、谨慎选品和充分预热。

1. 学习:深入了解视频号直播功能

视频号运营者开启视频号直播的第一步,是了解视频号直播的各种功能,微信更新8.0版本后,直播功能得到进一步完善,可分为基础功能和升级功能两类。

（1）基础功能

视频号直播目前可以显示观看人数和直播间热度；用户可以发表评论，与主播互动；底部还设有购物车、打赏礼品和点赞按钮，用户可以分别查看售卖的商品、可打赏的礼品和点赞，如图 4-9 所示。

图 4-9　视频号直播间基本功能

（2）升级功能

视频号目前支持的功能如下。

- 支持分享至微信群 / 朋友圈
- 支持浮窗播放
- 支持美颜
- 支持打赏
- 支持购物车功能
- 支持连麦
- 支持推流
- 支持抽奖设置

这些功能能够让视频号直播拥有更多玩法，直播形式更加多样，能够提高用户观看直播的热情。

2.选品：选择合适的带货产品

视频号运营者在选择直播销售的货品时，可以从以下5个方面出发，挑选适合自己的、能卖出去的产品。

（1）重量轻、体积小，便于发货

重量轻、体积小的产品更适合在直播间进行全面展示，并且这类产品的发货成本较低，运输途中也不易损坏。

（2）生活刚需

生活刚需类产品是指生活中必须使用的产品。用户对这类产品的功能需求大于对款式、外观、颜色等外在因素的追求，如柴米油盐、沐浴乳等生活必需品。

（3）新奇特产

直播属于互联网新兴产业，除了生活必需品，许多年轻用户热衷于购买新奇特产。这类产品的特征是有颜值、有创意、价格实惠，在满足用户新鲜感的基础上降低消费门槛。如"网红奶茶""可以吃的手机"等趣味性产品，"某某直播同款"成为一种消费潮流。

（4）较大的价格优惠

直播带货的核心在于视频号运营者对产品进行展示和使用，让用户亲眼见证效果，再通过语言的引导，以及用户互相感染，刺激用户"冲动消费"。视频号运营者需要在开播前与商家在产品的价格方面达成一致，给出相当大的折扣，并且设置一定量的优惠名额。视频号运营者在直播过程中需要反复强调产品的优惠力度，并催促用户尽快下单，利用"饥饿营销"的方式，给用户"现在不买就亏了"的心理暗示。

（5）符合目标用户的需求

视频号运营者在选择带货产品时，需要根据目标用户确定产品，否则效果将大打折扣。例如，一场直播能够带货千万的"口红一哥"李佳琦，其主要目标用户为年轻女性。在一次直播里，李佳琦向用户推荐了一款男士护肤品，希望女孩买给自己的男朋友或者弟弟，然而带货成绩却不太理想，2000套产品最后只卖出了1200套。由此可见，选择能满足目标用户需求的产品非常重要。

3. 预热：通过视频号告知直播信息

为了使直播效果更好，视频号运营者可以通过两种方式对直播进行预热。

首先，视频号账号首页可以添加直播预约按钮，在直播开始前可以设置在个人主页中，用户如果对直播感兴趣，即可点击预约按钮预约观看，如图4-10所示。直播开始后，预约过的用户将会收到消息通知。

明天 20:00 直播　　　　　　　　预约

图 4-10　直播预约按钮

其次，视频号运营者可以通过发布短视频的方式进行直播预热，在短视频下方告知用户直播相关信息。视频号"长春奇点"在短视频下方文案处进行直播预告，如图4-11所示。

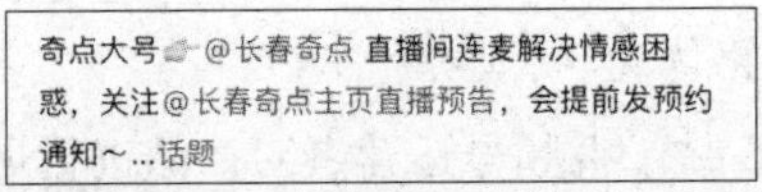

奇点大号 @长春奇点 直播间连麦解决情感困惑，关注@长春奇点主页直播预告，会提前发预约通知～...话题

图 4-11　视频号"长春奇点"短视频直播预告

视频号与直播相互引流，能够提高用户在直播间下单购买商品的概率，提高视频号运营者的带货能力。

4.4.2　直播中的带货话术

直播中促进商品成交的关键是直播话术。视频号运营者要想让进入直播间的用户购买商品，通常会有一套常用的交流话术，如表4-2所示。

表 4-2　视频号运营者带货的常用话术（以服装类产品直播为例）

粉丝提问（示例）	提问分析	回答示例
小个子能穿吗？太胖能穿吗？	这类没有具体数据的提问，不能盲目给出答复	需要您提供具体的体重和身高哦，这样我才可以给你合理的建议呀
这款商品有活动吗？	有意向购买，但对产品的优惠力度比较在意，需要强调优惠价格和折扣时间，营造紧迫感	在今天的直播间里这款商品是 6 折优惠，还有 10 分钟优惠活动就要结束，千万不要错过
1 号羽绒服和 2 号棉衣，哪件更好？	用户产生了纠结情绪，需要明确指出每款产品的特征，以及每款产品更适合哪类人群	1 号羽绒服是长款，保暖效果非常好；2 号棉衣款式新颖，非常适合年轻人
主播多大，几岁了？	粉丝出于好奇而提问，可以幽默回答	您可以猜猜看

通过这些常见话术，可以总结出在直播中促进商品成交的 5 个步骤，如图 4-12 所示。

图 4-12　直播间 5 步销售法

1. 第一步：制造痛点

制造痛点即结合消费场景点明消费的痛点及需求点，给用户搭建一个消费场景，让用户察觉到痛点的存在及痛点对他们造成的困扰。

据此，视频号运营者要根据产品的特点，构建一个能够引起用户共鸣，且在用户生活中多次出现的场景，让用户情不自禁地将自己代入场景中，达到直击用户痛点的目的，促使用户产生了解产品的冲动。这种场景因为在生活中出现的频率高，所以也被称为高频场景。

以在直播间销售 PS 课程为例，首先，需要戳中用户不会 PS 的痛点，如表 4-3 所示。

表 4-3　不会 PS 可能面临的痛点及场景

痛点	场景
羡慕	同样的内容，为什么别人的海报总是看起来更加上档次？
尴尬	活动即将上线，设计师却说没有时间做宣传图
可惜	好不容易有机会去旅游，拍出来的纪念照要么天气不好，要么背景人山人海
麻烦	提交证件照，需要按照相应的要求进行裁剪

此时需要简单地制造痛点，不需要深入讲解，也不要立即引入产品，重点是引起话题和共鸣。

2. 第二步：放大痛点

放大痛点即深挖痛点，要做到全面和最大化，把用户忽略的问题尽可能地放大，让用户体会到不会 PS 会给工作、生活造成非常严重的影响，如表 4-4 所示。

表 4-4　用户不会 PS 可能面临的严重问题

痛点放大	场景
绝望	应聘了很多工作，每一家公司都要求熟练掌握 PS
头疼	设计师设计的海报质量不佳，可你完全不知道如何提出修改建议
遗憾	因为不会 PS，错失了一次升职机会
抓狂	客户、领导要的文件，总有奇怪的瑕疵，不知道怎么修改

3. 第三步：引入产品

放大痛点后，就可以顺理成章地引入产品。在这个阶段，需要对产品的功能、特性、外观等卖点进行详细讲解，并通过行业、品牌、原料、售后等增加产品的附加值。这个阶段就是展示专业知识的阶段了，要让粉丝对这款产品产生一个仰视的心理态度。

用户在直播中购买某款产品时，最大的顾虑是该产品是否具有其宣传的效用。例如，大部分用户对于 PS 在线训练营课程最大的顾虑，就是能否通过该课程真正学会 PS。

此时，直播人员需要列举一些有力证据，证明该产品真的能够满足用户的需求。

PS 在线训练营课程，具有以下 3 个优点，能够有效保证用户的学习效果，如图 4-13 所示。

图 4-13　PS 训练营课程的 3 个优点

4. 第四步：提升高度

提供正面或侧面证明，突出产品优势。

例如，在直播中宣传秋叶 PS 训练营时，可以突出其口碑好、效果好、服务超值、教师阵容强大、学习氛围好等特征，让用户选择秋叶 PS 训练营，如表 4-5 所示。

表 4-5　选择秋叶 PS 训练营的原因

原因	广告文案切入点
品牌口碑好	秋叶推荐的课都信得过，训练营品类多
秋叶 PS 训练营口碑好	学员好评截图、好评卡片、学员复盘总结
秋叶 PS 训练营知名度高	宣传教师、学员、作品、课程内容等一切与训练营有关的正面内容，包括新媒体运营、公开课、图书等
学习效果看得见	邀请学员分享故事、展示学员学习前后的设计图对比
增值服务超值	多样化学习奖励、保姆级课程、超值的福利资源包、设计项目对接服务
教师阵容很有吸引力	金山、前阿里、秋叶集团 5 位一线设计大咖授课
学习氛围好	学员互相监督、互相鼓励、讨论问题的截图

5. 第五步：降低门槛

当直播人员给观众介绍完该产品所有的相关内容之后，这个时候直播人员可以讲解该产品优惠渠道的优势、独家稀有紧缺程度等，从而吸引观众开启疯抢模式。

直播人员在使用以上 5 步销售法进行推销的时候，一定要注意话语的连接性，不能说完一句就不知道下一句说什么，这样会导致直播间氛围尴尬，粉丝也会觉得浪费时间而移步其他直播间。

4.4.3 直播后持续变现

直播的结束并不意味着营销的结束。很多用户可能错过了实时直播，此时，将直播内容进行剪辑、优化，转化成短视频内容，能够帮助运营者实现持续变现。

这个过程比直接创作新的短视频更加简单、便捷。只需将直播内容保存下来，从中截取用户反响较好的部分即可，不需要耗费大量精力去进行创作，成本较低。

许多专注直播领域的视频号运营者，发布的短视频都是对直播内容的剪辑。例如，直播达人李佳琦，将每次直播中的精彩瞬间、搞笑片段等，剪辑成一分钟左右的短视频，这些内容都是直播中的精华部分，有时比完整的直播更具吸引力。在短视频的内容方面，李佳琦通常会截取一些对产品的介绍，在吸引用户关注的同时进行销售。

如图 4-14 所示，李佳琦将短视频背景设置为直播时间提醒，用户在观看视频号内容时，可能会被引流至其直播间；同时，几乎每条短视频的底部，李佳琦都设置了公众号链接，通过公众号链接可以购买产品，实现持续变现。

图 4-14　李佳琦视频号内容

4.5　视频达人变现

随着传统广告模式的改变,广告主越来越偏爱短视频广告。当视频号粉丝积累到一定数量之后,运营者就具备了一定的变现能力,通过拍摄带有广告性质的短视频,能够帮助视频号运营者直接变现。

4.5.1　通过短视频直接做广告

短视频广告变现的方式主要为软性广告和硬性广告。软性广告是指广告与内容完美结合,看起来不像广告;硬性广告是指用户一眼就能识别出这是广告,宣传方式直接明了。

1. 软广:不像广告的广告

软性广告简称软广,因为软广需要与短视频内容相结合,所以软广植入的形式多种多样,通常短视频创作人员会采用剧情植入和结尾宣传的方式进行宣传。

（1）内容植入：产品与短视频内容融为一体

通常内容植入类广告需要在创作短视频内容之前撰写文案，文案的主题要与需要植入的产品相关，可以发散思维进行联想。

例如，摄影师白宇的一条短视频中，先发布了其四处骑行、徒步的情景，然后引出旅游品牌"马蜂窝旅游"，令喜爱旅行的用户关注马蜂窝这一平台。

（2）结尾宣传：短视频结尾植入广告

结尾宣传类软广的使用率也比较高，短视频创作人员可以根据产品选择一个与之有联系的话题，然后在短视频内容的结尾处话锋一转，对产品进行宣传。

笔者曾在个人读书类视频号"秋叶读书"中，创作了一期话题为"为什么你的直播没人看"的短视频，这条短视频主要剖析了许多运营者直播没人看的问题，然后在结尾处引出我的新书《直播电商一本通》，引导对直播电商感兴趣的用户购买这本书。

用户纷纷发弹幕称"猝不及防"，表示这个广告出现得猝不及防，但也恰到好处。这类软广的植入方式比较简单，许多短视频创作人员都会使用这种广告植入方式，值得大家借鉴。

2. 硬广：最简单直接的广告

硬性广告简称硬广，在众多硬广中，短视频创作人员常用的硬广是贴片广告，它是一种最明显、最外在的广告形式。尽管许多用户认为硬广的呈现形式比较生硬，但它有成本低、不影响内容本身两大优势。通常，短视频制作人员会将贴片广告放在短视频画面的下方，不影响短视频内容的呈现。同时，贴片广告也可以在短视频内容播放完毕后，直接呈现在整个画面中，但时间不宜过长，大概在5~10秒为最佳。

以上两种广告类型是目前短视频行业常用的广告变现方式，需要注意的是，视频号运营者要注重把控产品质量，严格筛选、亲自试用，对消费者负责。

4.5.2 视频号分发短视频打造流量矩阵

所谓的短视频矩阵,是指同一公司或同一运营者拥有多个视频号账号,每个账号所推广的产品不同或者侧重点不同,账号与账号之间建立连接,通过横向的视频号运营策划互相引流,打通粉丝,提升账号的商业价值。

例如,笔者与团队共同打造了视频号全方位账号矩阵,最大限度地吸引目标用户,包括笔者本人出镜的"口播"类账号"秋叶大叔",专攻图书领域的账号"秋叶读书",以企业认证形式创建的官方账号"秋叶PPT""秋叶Word"和"秋叶Excel",以及演员出镜打造情景剧的账号"秋叶PPT小美""秋叶Word姐"和"秋叶Excel表哥"等。

视频号账号"秋叶大叔"和"秋叶读书"如图4-15所示,这两个账号都是以我个人出镜口播形式运营的,账号定位不同,但可以互相@,吸引更多用户关注。

图4-15 视频号"秋叶大叔"和"秋叶读书"

若视频号定位精准,带货属性明确,商业空间就很大,而且视频内容的广告植入如果符合消费者心理,就会有较高的转化率。同时,其他细分领域的视频号不断复制其成功模式,账号带账号,账号间的点赞和关注可以实现互动引流,能够提升变现能力。

建立账号矩阵是视频号运营的发展趋势,很多企业、品牌商都在视频号上开拓了自己的矩阵。归纳起来，目前比较流行的视频号矩阵主要有以下4种类型。

1.1+N 矩阵

1+N 矩阵为建立产品线主导账号矩阵，由 1 个主账号和 N 个子账号构成完整的宣传体系，适用于品牌构成和产品结构较为简单的企业。此模式矩阵能够弱化品牌定位、强化产品卖点，准确吸引目标受众。

2. 蒲公英矩阵

蒲公英矩阵是指一个官方账号传播信息后，其他多个账号进行转发，再以其他账号为中心进行扩散，适合旗下品牌较多的企业。

母企业核心账号统一管理多个账号，但是核心账号不能过多干涉子账号，避免影响子账号运作。同时，子品牌或业务线的目标粉丝既要有特性又要有共性。

3.HUB 矩阵

HUB 矩阵指由一个核心账号领导其他子账号，子账号间关系平等，核心账号将信息放射至各个子账号，子账号间信息互不交涉。该模式多出现于分公司和集团分隔比较明显的企业营销策略中。

4.A+B 矩阵

A+B 矩阵主要是由一个形象视频号账号和一个品牌视频号账号组建而成的，以品牌形象塑造和维护为目的的视频号矩阵。

该矩阵在营销方面的作用如下：

（1）一正一副，两个账号同时发力。不过各账号定位要清晰，避免信息混乱。

（2）一硬一软，硬指硬广，直接在账号上给品牌或产品打广告；软指软植入，通过情景演绎或模仿热点视频插入广告信息。

4.6 微信公众号变现

微信公众号与视频号联合,能够碰撞出许多令人意想不到的火花。公众号与视频号的双向打通,也是视频号平台区别于其他短视频平台的核心竞争力。可以说,运营视频号时如果不同时运营公众号,将丧失许多变现机会。

4.6.1 通过推荐优质视频号形成多元生态

微信公众号能够为视频号引流。将用户引流至视频号,一方面能够培养用户观看视频号的习惯,另一方面还能帮助运营者形成多元生态。

微信公众号支持在图文中插入视频号动态卡片。在一篇公众号文章中最多可插入 10 条视频号动态卡片,用户直接点击视频号动态卡片即可跳转到视频号播放界面,还可设置视频号二维码,引导用户关注视频号。

运营者在公众号中插入的视频号动态卡片,要尽量与公众号内容相贴合,吸引精准流量。

例如,"十点读书"公众号在一篇题为"何为夫妻?何为家?何为幸福"的文章底部,添加了"幸福不是比出来的"这条相关联视频号内容,将读完文章意犹未尽的用户引流至视频号,实现流量的双重沉淀,如图 4-16 所示。

图 4-16 "十点读书"公众号中的视频号动态卡片和关注二维码

4.6.2 用视频号为微信公众号引流

视频号能为微信公众号引流。

视频号支持添加公众号文章链接,用户点击链接可直接跳转阅读公众号文章。运营者在添加公众号文章链接时,也要注意视频号内容与公众号文章内容的相似性,吸引用户在观看视频号的同时阅读公众号文章。

笔者在视频号内容中,通常会添加课程简介式的公众号文章链接,如图4-17所示。通过添加文章,告诉视频号用户我在课程培训上的优势。

图4-17 "秋叶大叔"视频号引流链接

前文提到的刘兴亮,以"视频号+公众号付费文章"模式,成功完成了一次从视频号到公众号的用户引流,这次引流给公众号文章带来了4万多阅读量,直接收益超过17000元。

将视频号流量导入公众号,通常有以下7种方法。

1. 开门见山法

开门见山法是指在视频号开头即表明内容来源于公众号,常用的话术如"今天的视频号内容选自我的公众号:秋叶大叔",这样在视频开头就宣传了公众号。如果用户对视频内容感兴趣的话，就很可能点击文章链接，为微信公众号带去流量。

采用这种做法的视频号运营者有很多，如视频号"新榜"，有一段时间，其所有的短视频封面都和同名微信公众号文章标题关键词保持一致，如图 4-18 所示。

图 4-18 视频号"新榜"内容页面

2. 文案提醒法

文案提醒法是指在视频号文案中，用一些明显的提示话语，引导用户点击公众号文章链接。

笔者经常使用视频号推荐自己的公众号文章，在视频号文案中带上"点链接看文章剧透"之类的话语，提醒用户去看微信公众号文章，如图 4-19 所示。

3. 手势引导法

手势引导法是指在结尾拍一个视频提示动作，结合口播话术，提醒用户点击文章链接。

例如，视频号"秋叶PPT小美"在短视频结束时，会以"点击下方链接，我给你推荐了超精品的课程学习哦"等话，提醒用户阅读公众号文章，如图 4-20 所示。

4. 详细教程引流法

详细教程引流法是指在视频号文案中或短视频结尾处告诉用户，公众号链接中有更详细的教程，以此吸引用户。

例如，笔者通常会在短视频视频结尾处告诉用户："今天的问题，我写了一篇详细的教程，点击本视频号的文章链接就好啦。下一期我会说××××内容，感兴趣的话关注秋叶大叔就可以了。"

图 4-19 提醒用户观看公众号文章

图 4-20 视频号"秋叶 PPT 小美"提醒用户观看链接文章

5. 干货资料包引流法

干货资料包引流法是在视频开头埋个伏笔，视频末尾告知用户可以点击公众号文章链接获得更多资料包。

6. 标题引流法

标题引流法是指设置有吸引力的公众号文章标题，提升公众号点击率，如图 4-21 所示。

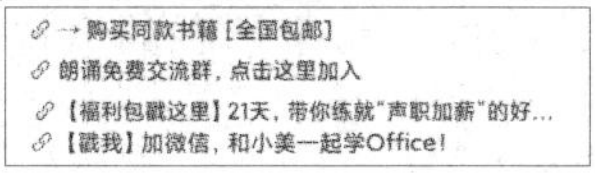

图 4-21　具有吸引力的公众号标题

7. 评论置顶引导法

评论置顶引导法是指巧妙地将评论置顶，引导用户点击公众号文章链接，如图 4-22 所示。

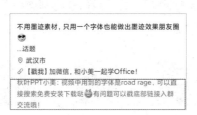

图 4-22　评论区置顶文案引导用户点击公众号文章链接

4.7 ▶ 教育培训变现

视频号无疑是教育培训领域获取更多商业利益的重要武器，其地理位置推荐机制和社交推荐机制，为教育培训行业通过运营视频号变现奠定了坚实基础，借助视频号，教育培训行业开启了"线上+线下"同步变现的新时代。

4.7.1　借势营销，话题 VS 红利

在教育领域，从来不缺乏大众关心的话题。无论是家庭教育、技能培训还是情感咨询，这些垂直领域都有用户关心的话题，如孩子对学习缺乏兴趣该如何培养、在职场上怎样迅速晋升、如何迅速走出失恋的痛苦等。

视频号在发布时，支持带上多个话题。用户如果对某一话题感兴趣，

在搜索与该话题相关的内容时，带上话题的短视频就会优先呈现在用户面前。

这就意味着，视频号运营者可以借势营销，争取话题红利，围绕热点话题邀请名家进行深度访谈，做好评论区意见维护，让用户在评论区讨论起来，带动参与讨论的用户将该短视频转发至微信群或朋友圈。最终该短视频的火爆，会带动更多用户观看"扩展链接"对应的微信公众号文章，形成从视频号到朋友圈、微信群再到微信公众号的流量闭环。视频号运营者借助话题营销的流程如图 4-23 所示。

图 4-23　视频号运营者借助话题营销流程

视频号"新东方家庭教育"显然深谙这一规则，其视频号的内容多为邀请教育界名人讲解家庭教育，如朱永新、李玫瑾、俞敏洪等，如图 4-24 所示。

图 4-24　"新东方家庭教育"视频号

"新东方家庭教育"将这些名人的名字设置为话题，用户在搜索这些名人时，就会第一时间看到这些短视频，增加短视频的播放量。

4.7.2 网课教育机构模式

对于本身就在线上运营的网课教育机构而言,运营视频号有利于其打造"引流—体验—转化"模式,更快、更好地实现商业变现。

网课教育机构变现模式,是指用户在视频号上看到自己感兴趣的教学内容后,点击链接或加入微信群,能够免费体验相关课程。体验后,视频号运营者还可以适时利用"限时折扣"的促销手段,引导用户购买相关课程,如图 4-25 所示。

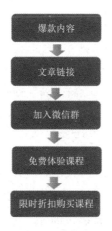

图 4-25 网课教育机构变现模式

视频号"晓莉英语",就利用这一变现模式,成功实现了英语课程变现。"晓莉英语"的视频号内容主要为英语故事,运营者在其视频号文案区域插入公众号链接,公众号文章含英语学习技巧和限时免费直播预告,然后附上英语学习课程海报,引导用户购买英语学习课程,如图 4-26 所示。

图 4-26 "晓莉英语"的变现流程

4.7.3 用视频号提供咨询服务

视频号运营者想要通过咨询变现，首先需要在某一领域得到大众认可，从而吸引用户付费咨询。目前比较热门的咨询类型有职业生涯咨询、律师行业咨询、健康咨询、情感咨询等。通常，一次咨询费用可以达到 400 元左右，可以说，这是一种比较高效的变现方式。

其中情感咨询属于利润空间较大的咨询类型，许多视频号运营者抓住大众的"情感痛点"，为用户提供情感咨询服务。例如，在情感领域非常有名的"情感导师"涂磊经常参与各类家庭情感节目，留下了许多直戳人心的经典情感语录。视频号上的许多运营人员将他的经典语录整理成短视频发布，引起众多用户的关注。随后，视频号运营者将用户引流至自己的公众号或其他私域流量中，转化为情感咨询的潜在客户。

想要以这样的方式在众多咨询师中脱颖而出，首先要做好定位，确定自己擅长的咨询领域。咨询变现与课程变现有所不同，充满乐趣的生活化课程能够与专业课程一样被大众喜爱，但咨询师一定要是在某一领域有建树的专业人士,才能获得用户的认可。

在做咨询的初期,切勿操之过急,招揽一大批用户,最好是从一对一咨询开始,使用户能享受最精细专注的咨询服务。需要注意的是,无论作为哪一领域的咨询师,都要尽可能地缩短用户咨询时间,帮助用户快速高效地解决问题。

第 5 章
企业如何掘金视频号

5.1 视频号能为哪些行业赋能?

许多企业家在与笔者交流视频号运营时,经常会问到这样的问题:"秋叶老师,您觉得我这个行业的调性符不符合视频号的基调?长期运营视频号成本不小,不知道能有多少回报呀……"

这个问题的根源,在于企业家不明确视频号究竟能为哪些行业赋能,不了解视频号究竟适合哪些企业进入。

根据目前视频号的玩法,笔者认为视频号能很好地为教育培训行业、娱乐文化行业和电商微商行业赋能。

5.1.1 教育培训

很多用户认为,短视频内容短、平、快,几乎是一晃而过,很难给用户留下深刻印象,换言之,很多人认为短视频平台似乎并不适合教学。

对于相对成熟的教育培训机构,或是希望获得更多流量曝光的知识服务机构而言,视频号是作为一个获客引流的补充型工具存在的,这些机构本身在线下就具有一定知名度,并不完全依赖视频号变现存活。

专门从事网络课程教育的机构,在真正的教学场景中,更多的还是应用专门的线上教育工具完成教学,并非在视频号上完成授课。因而,视频号也只是一个引流的起点和平台。

但尽管如此,视频号对于教育培训行业而言,依然意义非凡。

首先,视频号能够加快教育培训行业冷启动速度,降低获客成本。

教育培训行业入驻视频号,本身内容素材就较为充足,培训中的实战课堂即可直接作为视频号内容发布。在视频号冷启动阶段,教育培训行业运营者可以降低内容素材获取的成本,拍摄、剪辑短视频也更加简便。

其次,视频号独特的推荐机制,能放大教育培训行业的优势。

通常情况下,微信中的好友大多会集中在同一区域,教育培训行业运营者在自己的朋友圈内宣传时,可以吸引好友点赞,将短视频传播给同一区域中的更多用户;教育培训行业运营者还可以加入当地的社群,在当地社群中分享视频号内容,吸引当地用户。

视频号的地理位置推荐系统,能够帮助教育培训行业运营者迅速吸引附近用户的注意,这些用户都是教育培训行业的潜在客户,随时都有可能被转化。

最后,知识性内容更符合视频号的基调,利于教育培训行业打造大IP。

视频号刚刚起步时,创作者几乎是清一色的"中年大叔",这些中年大叔发布的内容,几乎都是教育、文化、知识类的。视频号用户对这类内容接纳度很高,因为用户在观看短视频内容并点赞后,微信好友就会看到他点赞了某一短视频。点赞教育、文化、知识类内容,似乎在告诉其他微信好友"我在通过视频号学习,我是一个愿意接受新知识的人",这将令教育、文化、知识类内容在视频号上拥有更高的人气。

可以说,知识性内容更符合视频号的基调,教育培训行业也更容易在这个环境中生存。

5.1.2　娱乐文化行业

娱乐文化名人拥有头部号召力,很多用户会因为喜欢某一娱乐文化名人而去搜索、关注其短视频账号,希望通过短视频账号了解他们的近况。

首先,对于娱乐文化名人而言,拥有一定的粉丝基础可以让其具有一定的商业价值,视频号平台邀请这些娱乐文化名人入驻,首先会给予一定的入驻费用。视频号开创初期,就邀请了许多明星、作家等娱乐文化名人入驻,如舒淇、吴晓波等。

其次,娱乐文化名人在视频号内容打造上不需要耗费大量精力。娱乐文化名人拥有形象打造、拍摄等方面的专业团队,内容素材质量高且数量多,名人本人也善于面对镜头表达自己,视频号内容创作起来非常简便。

最后,此前娱乐文化名人发声的平台主要是微博,但微博用户习惯了主导、影响舆论,更容易出现"站队"等情况,稍微出现一些状况,微博上便风声鹤唳,并不适合娱乐文化名人打造视频内容。

而视频号更看重社交圈子,基于微信生态的社交圈更加友善、和谐,更适合娱乐文化名人分享自己生活和工作中的趣事,能够成为名人与粉丝交流的良好平台,也有助于名人打造"宠粉"人设,拉近与粉丝的距离,增强粉丝黏性。

5.1.3　电商微商

通过视频号实现直接变现的途径有 3 个:一是用户进入视频号运营者个人主页的小程序或小商店购买商品;二是用户添加视频号运营者的微信进入社群,通过红包、转账等方式购买商品;三是用户在视频号运营者的直播间直接购买商品。

这 3 种直接变现方式的实质,都是售卖商品。换言之,视频号非常适合具有产品基础的电商或微商。

电商或微商本身就拥有自己的产品线，不用耗费大量精力去寻找合作商家，直接在小程序或小商店售卖自己的商品即可。这既方便省事，又利润可观。

电商、微商"做生意"需要大量的人脉，而微信的参与门槛更低，人数更多。相比之下，抖音或快手变现门槛都比较高，要实现持续变现，仍然需要将用户引入微信生态圈中，变现效果不如视频号好。

无论是小程序、社群还是直播，用户都不需要再下载新的软件，既缩短了用户到服务的距离，也缩短了用户购买商品的时间。许多用户萌生出购买想法，往往都只在一瞬间，如果在那一瞬间被其他事打断，用户就很可能会放弃购买。

视频号拥有基于熟人关系的社交推荐机制，是一个非常好的引流利器。用户被好友的点赞引入视频号，观看视频号内容后，可以直接根据视频号运营者个人主页的简介，加入社群购买商品，或是预约直播、观看直播购买商品，用户的购买想法将在短时间内得到支持，更有利于转化。

5.2 企业如何在视频号"圈粉"

不到一年的时间，视频号已经完成了多次迭代、进化，早已不再是那个刚刚开放内测的"婴儿"。不少企业不想错过视频号这一风口，个个摩拳擦掌、跃跃欲试，但真正开始运营视频号时，由于缺乏经验，只能"摸着石头过河"。

很多企业早早就入驻了视频号，作品发了几个月，依然只有寥寥数个点赞，播放量也不尽如人意。在长期无法获得关注的情况下，运营者逐渐丧失了信心。

事实上，企业要想在视频号"出圈"，虽然有一定难度，但并非无法实现。要想轻松实现粉丝的"原始积累"，企业可以从以下3个方面发力。

5.2.1 创始人出镜打造 IP

企业创始人就是企业的最佳代言人,最有影响力的视频号运营策略就是把创始人打造成企业的代言人。

2012 年,企业家陈欧凭借一句"我是陈欧,我为自己代言"火遍了大江南北,其代言的"聚美优品"也成为人人熟知的知名品牌。虽然聚美优品现在发展得不尽如人意,但在当时确实依靠这条创始人自己代言的广告获利无数。

将创始人的个性特点与企业的品牌特性相结合,可以让两个形象都获得新的生命力。例如,一提到马云,用户就会想到阿里巴巴;说起任正非,用户马上会反应过来那是华为;谈起董明珠,用户则不由自主地联想到格力……这就是创始人形象对企业形象的影响。

视频号是打造企业家形象,拉近企业创始人与用户距离的绝佳方式之一。一方面视频号打通了公域流量与私域流量池,可以将更多公域流量沉淀到创始人微信圈中;另一方面视频号吸引的粉丝非常精准,对企业创始人及企业产品非常忠诚,用户黏性强。

旅行服务公司携程集团的联合创始人梁建章,在视频号上非常活跃。他并未将自己塑造成高高在上的老板,而是站在与普通用户对等的角度,在视频号中尝试了很多事情,例如,他会唱 rap[1]、玩 cosplay[2]、开直播、当导游……

对这些新奇事物的尝试,使梁建章更加贴近用户,更加"有血有肉",在无形中打造了"接地气"的人设,用户几乎将他当成了朋友。许多用户在观看其短视频后直呼"原来梁老板是这样的人""梁总越来越入戏了"。

企业家在用户心中变得有血有肉,企业文化也更容易在用户心里扎根。

但影响力的打造需要一定时间的积累,因此创始人出镜视频号是一

---

1 rap:一种有节奏地说话的特殊唱歌形式,在年轻人中比较流行。
2 cosplay:指利用服装、饰品、道具及化妆等手段来扮演动漫、游戏中的人物角色。

项长久的工作。创始人的工作通常都比较繁忙,必须找到一种能够坚持更新的方式。笔者在出镜拍摄视频号时也遇到了同样的问题,为了保持更新频率,笔者会专门抽时间一次性拍完一周内需要发布的短视频。另外,采取最简单的口播方式,也能减少在视频号上投入的时间。

值得一提的是,创始人出镜打造 IP 时,要具有企业意识,以宣传企业为宗旨,不能背离这一宗旨运营视频号。

梁建章的视频号内容,大多围绕携程的业务展开,他每条作品的右下角,都有一个清晰的标志"携程大 BOSS 梁建章";在每个作品开头,梁建章都会用一句话进行自我介绍:"大家好,我是携程大导游梁建章",如图 5-1 所示。

图 5-1 梁建章视频号作品

这些举措让梁建章始终站在携程这个企业品牌之下,始终为企业品牌服务,能让用户时时刻刻听到企业的相关信息,让用户对携程印象更深刻。

5.2.2 利用好文案、评论、背景音乐等一切元素

企业在运营视频号时,文案、评论和背景音乐(Background Music,BGM)等元素利用得好,也能帮助企业视频号圈粉。

1. 文案

视频号的文案主要是指短视频底部添加的文字描述,如图 5-2 所示。

图 5-2 短视频文案

提高视频号文案的转化率,主要有以下 3 种方式。

(1)让文案给用户带去好的启发

提高视频号文案转化率的一个关键因素就是要看这条短视频文案是否能给用户带去好的启发、让用户学到实用的知识,以及能否最大限度地引起用户共鸣。

而要做到这一点,首先就要求我们在写文案时一定要认真思考,弄清楚哪些内容有可能会带给用户好的启发或者可以让用户产生愉悦感和满足感,然后再有针对性地去选择和撰写短视频文案。

(2)找到用户的关注焦点

提高文案转化率的另一个关键是要学会分析各种数据,找到用户的关注焦点,做到有的放矢。

那么,如何才能做到这一点呢?方法其实很简单,只需两个步骤:第一步,定位目标用户人群;第二步,分析目标用户人群的特点和心理

需求，了解他们的关注焦点。

换言之，不管运营者的短视频文案是浪漫唯美、俏皮可爱的，还是嘻哈搞笑的，只要能够找到目标用户的共性、挖掘出他们感兴趣或关心的话题，并适时表明态度，那么写出来的文案就能在情感上与目标用户产生共鸣，从而让他们更愿意关注视频号。

（3）选取合适场景，渲染气氛

选取合适场景，渲染视频氛围，使视频气氛与文案相符，对提高视频文案的转化率也具有至关重要的作用。

例如，如果你拍摄的视频号短视频是有关穿搭的，那么你就可以选择一个美女逛街或者在穿衣镜前试衣服的场景，并且在短视频中营造出一种时尚、精致的氛围，让用户一眼便能看懂你想要表达的意思。

总之，文案是视频号作品的点睛之笔，它的魅力在于，哪怕是再平凡普通的短视频，经过文案的包装之后，它也同样可以大放异彩。而关于视频号文案的写作，除了反复练习、不断学习以外，几乎没有任何捷径可走，这也就要求我们在运营视频号的过程中，一定要多思多想、多看多学。

2.评论

大家一定有过这样的体验：在看到一条自己感兴趣的短视频时，常常会点开评论区，看看其他用户对这条短视频的看法。有时候，评论或留言可能会比短视频本身更天马行空、更脑洞大开，如果看到了某个用户的留言或评论很有意思，其他人可能会回复这个用户的评论。

在视频号运营中，好的评论也能发挥重要作用，为视频号内容增光添彩。视频号运营者可以挑选用户的评论进行回复，主要选择大多数人关注的问题、高点赞优质评论或自己评论引导大家评论。

回复评论的方式主要有 5 种，如表 5-1 所示。

表 5-1　回复评论的 5 种方式

方式	具体说明
解释性互动	对短视频中的冲突点作及时解释和正确引导
槽点式互动	留槽点给用户,调动粉丝讨论的积极性
引导式互动	引导用户观看以前的视频,如"前面有视频讲到哦"
提问式互动	如"你觉得××怎么样?"
鼓励式互动	对优质评论给予鼓励和肯定,让更多用户知道优质评论可以被作者回复

3.BGM

视频通常给人视觉刺激,而 BGM 则能给人听觉刺激,好的 BGM,能使用户体验到视觉和听觉的双重享受。优质的短视频内容搭配合适的 BGM,就像赋予了短视频灵魂一样,使其"活"起来,进而"火"起来。

这就好比一部电影,就算画面再美,没有 BGM 进行衬托,也无法达到意境上的升华。BGM 的作用就是提升整体视频效果,营造良好的氛围,使用户的情感、心理与视频内容融合,形成共鸣。

许多音乐正是因为被很多短视频运营者当成 BGM,所以才成为火爆一时的热门音乐,而将这些热门音乐作为 BGM,又能反过来带给视频号流量。

视频号 BGM 的获取渠道主要分为两大类,一类是站内,另一类是站外,如表 5-2 所示。

表 5-2　视频号 BGM 获取渠道

渠道	具体说明
站内	看视频号时,遇到好的 BGM 一定要收藏
	从视频号热门音乐榜中挑选
	关注每日热门视频号榜单,收藏热门视频号作品 BGM
站外音乐网站	酷狗音乐
	网易云音乐
	QQ 音乐

续表

渠道	具体说明
站外音乐网站	酷我音乐
	虾米音乐
	抖音、快手等短视频平台的热门 BGM

总之,文案、评论、BGM 等元素,是视频号运营者在创作过程中不可忽视的重要部分,视频号运营者需要充分利用这些元素,为视频号内容增光添彩。

5.2.3 稳定更新:培养用户观看习惯

在视频号运营中,企业视频号运营者通过培养用户的观看习惯,能够让用户逐渐成为忠实粉丝,所以创作者需要稳定地更新作品。

首先,企业视频号运营者要保持更新频率,保证账号活跃度。

在这个信息爆炸的时代,各种碎片化信息层出不穷,如果企业视频号运营者很长时间不更新作品,视频号将很容易被用户遗忘。每日更新短视频可以保证视频号持续活跃,一直得到用户的关注。

企业视频号运营者在打造视频号内容时,需要细化分工,因为团队合作和分工是保持高更新频率的关键因素。企业应当打造一个拥有编导、摄影师、剪辑师、运营人员、出镜演员的专业团队,确保各个岗位工作人员各司其职,将内容创作环节流程化、标准化,从而提高视频号内容的创作效率。

其次,企业视频号运营者要找好时机,挖掘短视频最佳发布时间点。

即使运营者保证了较高的更新频率,但如果没有选择良好的更新时间点,也很难使用户形成观看习惯。例如,如果视频号用户是职场白领,就不适合在工作时间更新视频号,晚餐后的一段时间更新视频号更为合适,因为此时职场人士结束了一天忙碌的工作,身心俱疲,很有可能会选择观看短视频来缓解压力、放松心情。

由于用户的活跃时间不同，视频号内容的发布时间与最终的数据呈现有着密不可分的关系。一般来说，在用户活跃高峰期发布的短视频更容易"圈粉"。

根据多年运营新媒体的经验，笔者发现无论是工作日还是周末，视频号发布作品的高峰期为中午11：00~12：00和傍晚5：00~7：00，尤其是傍晚时间段，视频号发布的作品数量最多。

但值得注意的是，虽然这些时间段用户人数较多，但竞争也更为激烈，企业视频号要想脱颖而出，运营者需要把发布作品的时间适当推迟一些，如晚上8：00。

最后，当挖掘出本账号的最佳发布时间点后，企业视频号运营者就要将更新时间固定下来。

每日更新作品，尤其是在固定时间更新，会给用户一定的暗示，用户每天会准时上线观看短视频。长此以往，用户就会形成定时观看视频号的习惯，甚至产生催促运营者更新作品的心理，如果用户在评论区留言"怎么还没更新？"就表明运营者打造的视频号内容对用户来说具有很强的吸引力，用户在不知不觉中已经成为视频号的忠实粉丝。

如果企业视频号运营者无法保证每日更新视频号，可以间隔一两天更新，但要力争将视频号内容做好，以弥补数量上的不足；也可以每周发布一条新的短视频，但要在固定的时间发布，让用户产生期待感。

5.3 视频号的4大引流方式

对于企业视频号运营者而言，最重要的目的就是利用视频号获得更多粉丝，扩大企业品牌影响力，提升商业价值，那么，引流就成为企业视频号运营者的重点工作。除了上文介绍过的各种引流方式外，视频号还可以通过以下4种方式引流。

5.3.1 运营引流

美国最大的电子商务公司亚马逊信奉一句名言："七分靠产品，三分靠运营。"视频号的注册、内容创作、发布和维护，都属于运营过程中的一部分。此处所指的运营，是指在视频号发布时，运营者需要检查的内容，是狭义上的运营。

视频号运营自查清单如表 5-3 所示，涵盖视频号内容发布的全过程。

表 5-3 视频号运营自查清单

发布流程	自查项目
发布前	是否符合主流价值观导向
	是否突出表现主题
	是否有侵权素材
	视频文案是否有敏感词汇
	视频是否符合上传规范
发布中	文案是否有特色
	配乐是否有加分
发布后	是否及时回复评论
	是否及时发表评论引导
	后期是否跟踪数据

按照视频号运营自查清单检查短视频发布前、发布中和发布后应当注意的事项，能够帮助运营者规避一些运营风险。

发布前的第一件事，是检查作品内容是否符合主流价值观，确保作品具备正确的价值观导向，能够吸引持有同样价值观念的用户，使视频号作品不因为价值观导向错误而被平台封禁或引起用户反感。另外，检查作品是否有侵权素材、是否含有敏感词汇或是否符合上传规范，都非常重要。检查作品是否突出表现主题，能够使运营者对作品进行反思，使作品更贴合主题，更具吸引力。

发布过程中，视频号运营者要检查文案是否有特色，BGM 能否为作品加分,通过对这些细节进行检查,让作品更加优质。

发布后,运营者要从数据跟踪方面入手,观察作品的数据表现,从而进行复盘,分析作品的优劣,对内容进行进一步精修。

运营自查清单实际上是在把控视频号作品内容品质,当内容质量有所提高时,自然能吸引更多用户观看。

5.3.2 评论区引流

前文中提到过,评论是视频号运营者不可忽视的重要元素,视频号评论区有其特殊的操作技巧,如表 5-4 所示。

表 5-4 视频号评论区操作技巧

操作技巧	具体说明
置顶评论	点赞最多的一条评论会显示在视频号首页
点赞评论	运营者点赞过的评论,会显示"作者赞过"
管理评论	运营者对评论可进行复制、删除、投诉、移入黑名单操作
关闭评论	如果评论区出现让人心烦的信息,运营者可以"关闭评论"。关闭评论后观众仍可以看到评论数量,但评论信息会被隐藏,仅运营者可以查看
评论提示	如果你作为用户评论了某条短视频,并且有人回复了你的评论,那么在你的视频号主页会弹出提示消息
后台评论	在视频号消息通知区,可以集中回复所有的评论,点击消息跳转到相关视频评论区,查看评论详情

具体来说,利用评论区引流,其实就是指视频号运营者在运营视频号的过程中,先找到一些与自己定位类似、粉丝众多的大号,然后批量回复这些大号发布于视频号评论区里的发言,利用提前编辑好的语言进行引流,吸引粉丝。

对于视频号运营者而言,在视频号的评论区进行引流是一个简单、高效的方法。

1. 评论要有选择性和策略性

想吸引什么类型的人群，就要选择什么样的视频号。例如，如果想吸引的目标用户是年轻、时尚的爱美人士，那么，就可以相应地到一些穿搭视频号、美妆视频号下面去留言、评论。

此外，留言评论主要目的是要让别人注意到你并引导其他用户关注你，所以不能为了评论而评论。像"沙发""支持""太好了"等评论，产生不了任何价值。

2. 评论要越快越好

兵贵神速，天下武功唯快不破，把握机会的速度一定要快，因为好的机会往往都是稍纵即逝的。利用留言评论进行推广引流也是一样，越快越好。

在视频号中，第一个留言评论的人往往都是排在讨论区顶部，这是最好的位置，曝光的机会、推广引流的效果至少提高 10 倍。

3. 评论要么吸引眼球，要么字数够多

评论区引流的一个关键就是要保证评论是有吸引力的。具体来说，评论的语言可以幽默诙谐，也可以语出惊人，这些都可以给人留下深刻的印象。

在具体的操作中，如果你的语言表达能力不够好，做不到诙谐幽默或者语出惊人，那么你也可以把评论的内容写得多一点，真诚，同样能够吸引别人。

这个道理其实很简单，试想一下，同样是评论，几个字和几百个字哪个会更打动人？答案显而易见。不过，正所谓"言多必失"，当你采用长篇大论的评论方式去吸引用户眼球的时候，要注意你评论内容千万不能是赤裸裸的硬广，也不要出现不文明或者不恰当的言论，否则，评论效果将大打折扣。

4. 用利益引导关注

要想让别人通过你的留言来关注你，除了上面提及的 3 种技巧外，你还需要设置一些利益来引导用户关注。利益分为以下两种。

（1）物质利益，如优惠券、折扣券、体验券、小礼品等。

（2）精神利益，如电子书、软件、教程等。

需要注意的是，视频号对利益引导的包容程度不高，这样操作可能会被视频号平台判定为利益诱导违规，反而让视频号内容被删除，所以这个方法需要谨慎使用。

5. "处处留情"

关注 100 个类似的视频号账号，意味着运营者就有了 100 个评论推广引流的平台；如果运营者能在每一个账号的短视频下方留言，就能获得 100 个推广引流的机会。

5.3.3 抽奖活动引流

抽奖活动引流，是指利用一些福利活动吸引用户，利用大众的侥幸心理及对奖品的渴望，吸引用户参与活动，以此吸引用户关注账号，给用户留下"这个账号上经常有活动，很为用户着想"的印象，加深用户对账号的好感度。

运用视频号进行抽奖，实质是希望达到"拉新—留存—促活—转化"的效果。通常情况下，运用视频号抽奖引流有以下 4 种玩法。

玩法 1：导粉玩法

导粉玩法是指发起抽奖活动，使公众号与视频号相互引流，将粉丝关注作为抽奖门槛之一，视频号再配合宣传抽奖活动，相互引流。

例如，视频号"广式老吴"就发布了一条关于福利分享的短视频，然后在这条短视频下方附上公众号抽奖文章的链接，注明参与方式是关注"广式老吴"的视频号并截图，然后利用微信小程序"抽奖助手"进行抽奖，如图 5-3 所示。

图 5-3　视频号"广式老吴"的抽奖活动

玩法 2：话题玩法

话题玩法是指通过发起话题征集吸引粉丝参与活动，设置活动奖励门槛，达到激活粉丝的目的。

例如，视频号"夏日冲浪店"，就发起了"夏日一起浪"话题活动，以明星签名照和爱奇艺会员月卡为奖品，吸引用户参与活动，扩大视频号的影响力，如图 5-4 所示。

图 5-4　视频号"夏日冲浪店"的话题抽奖活动

玩法 3：点赞玩法

点赞玩法是指将视频号与用户朋友圈连接在一起，让用户将短视频转发至朋友圈，并获得一定数量的好友点赞，然后随机抽取参与活动的用户，给予奖品。这种方法能够让更多微信用户看到视频号内容，有助于视频号内容进一步扩散。

视频号运营者"笑薇读书"就利用点赞玩法，让用户将这条短视频转发至朋友圈，在获得 20 个以上微信好友点赞后可以参与随机抽奖赠书活动，如图 5-5 所示。

图 5-5 视频号"笑薇读书"的点赞抽奖活动

玩法 4：直播抽奖

直播抽奖是视频号运营者在直播过程中，为提高直播间热度，将用户引流至个人微信或微信群而发起的活动。运营者在直播过程中，可以发起抽奖，选择"任意评论""指定评论内容""点赞"3 种参与方式，让用户参与抽奖活动，并设置抽奖活动时长、中奖名额数量和领奖方式，如图 5-6 所示。

进行直播抽奖时,视频号运营者可以有意识地引导用户添加个人简介处的微信号领奖,并引导用户关注视频号。

图 5-6 视频号直播抽奖界面

5.3.4 热点话题引流

热点话题是指在一定时间、一定范围内,大众最为关心、能够引起广泛讨论的话题。热点话题拥有广泛的关注群体,利用好热点话题运营视频号,在视频号内容中或底部文案区插入话题,能够吸引对该话题感兴趣的人群,扩大视频号内容的传播范围。

利用热点话题运营视频号的关键是准确地寻找热点话题。热点话题分为两种类型,一种是常规性热点话题,另一种是突发性热点话题。

1. 常规性热点话题

常规性热点话题是指在日常生活中比较常见的、大众比较关注的话题。常规性热点话题的获取较为简单,也是最应该被利用的资源。这类热点往往有迹可循,如表 5-5 所示。

表 5-5 常规性热点话题

常规性热点话题	典型案例
国家每年举行的会议、世界重大赛事活动等	奥运会、亚运会
法定节假日、纪念日等常规节假日	中秋节、国庆节、春节
阶段性热点话题	高考、中考、暑假、寒假

判断一个话题是否为常规性热点话题，可以从以下 4 个特征入手，如图 5-7 所示。

图 5-7 常规性热点话题的 4 个特征

由于常规性热点话题可以提前预见，因此视频号运营者在创作视频号内容时，可以提前筹备，并推测出该话题的热度持续时间，将内容的时效性优势体现出来。

另外，常规性热点话题往往是可延伸的，围绕一个热门话题，可以衍生出许多与之相关的话题。视频号运营者在创作视频号内容时，要发散创作思维，尽可能地创作出更新奇的内容。

例如，高考是一个经久不衰的热点话题，每年六七月份，很多视频号运营者都会利用高考进行宣传。2020 年，知名快餐品牌麦当劳联合短视频平台快手，推出了题为"舌尖上的高考"的直播，为麦当劳的早餐产品"麦满分"宣传。在直播中，"深夜来临，高三学子还在挑灯夜读，那些口口声声自称为后浪的人，拥有一颗征服世界的雄心，吃麦当劳麦满分是第一步"这句宣传语，将高考这个热点与"麦满分"这个产品巧妙结合，引起了用户的共鸣。

2. 突发性热点话题

突发性热点话题是指在日常生活中不常见，在短时间内引起大众关注的话题。2021 年较典型的突发性热点话题有"代孕""微信更新""就地过年"等。

突发性热点话题具有以下 4 个特征，如图 5-8 所示。

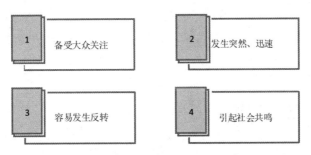

图 5-8　突发性热点话题的 4 个特征

突发性热点话题发生迅速，能在短时间内引发巨量讨论，引起社会的共鸣，把握好突发性热点话题进行视频号内容创作，能够吸引用户的注意力，获得更多关注。

但突发性热点话题往往会持续发酵，人们对话题的讨论方向很容易发生转变，在短时间内呈现出诸多不同的观点。因此，视频号运营者在创作视频号内容时，要时刻关注事件的发展动态，紧盯大众讨论的焦点，并对事件保持理性认知，不能以偏概全，短视频内容更要具有前瞻性，这样才能避免话题反转带来不利影响。

将热点话题与个人特色相结合，融合其他美好的感情因素，以极简的文字凝练地传达出个人或企业的价值观，会得到令人意想不到的效果。

5.4　3 类企业视频号的榜样玩法

对企业而言，视频号已成为不容小觑的流量沃土。企业入驻视频号并做出一番成绩的不在少数,这些企业在运营视频号时,发挥自身特长,在各自的领域成为榜样,探究这些企业视频号的玩法,能让更多企业在视频号领域挖掘出更多潜力和机遇。

5.4.1 京东:明星"种草"+评论运营+私域流量+公域引流

在视频号搜索框中搜索"京东",能获得许多相关搜索结果,如图5-9所示。点开这些账号,发现均是京东的官方账号。令人诧异的是,京东众多账号在数据表现上都不错,其中,短视频数据表现最好的是"京东JD.COM"。

图5-9 与"京东"相关的视频号账号

"京东JD.COM"账号的简介是"遇见美好,每天为你甄选京东好物"通过这个简介,用户可以知道这是一个推荐京东好物的账号。大众普遍对推销类的账号带有一丝反感情绪,那么,"京东JD.COM"这一账号是如何打破大众的偏见,在视频号平台闯出一片天地的呢?经过分析,笔者认为主要有以下4个原因。

1. 明星"种草":利用"粉丝经济"

京东的短视频经常会邀请明星出镜向用户推荐一些商品或推荐京东的购物活动,如李现、王一博、撒贝宁等拥有众多粉丝的明星,都以广告短片、情景剧、好物推荐等形式在京东视频号中出现过。

通过让明星介绍商品或体验商品，京东的视频号聚集了一大批对明星感兴趣的用户，他们对这些明星拥有天然的信任感，愿意购买明星"同款"。明确这一点，京东视频号运营者会在每条短视频下方附上链接，用户点开后，会直接跳转至小程序上的商店购买商品，如图5-10所示。

2.巧用评论：实现"裂变传播"

前文提到过评论区是引流的重点区域，京东视频号运营者发布的每条短视频，评论区都有其自己发布的评论，被置顶于评论区，如图5-11所示。通过在评论区置顶文案和链接，引导用户进入京东购物小程序。

图 5-10　京东视频号链接接通小程序　　图 5-11　京东视频号评论区

另外，京东视频号运营者还将评论区引流与抽奖活动引流相结合，在评论区定期举行粉丝评论抽奖、点赞抽奖活动。抽奖活动的规则通常要求用户关注视频号，在抽奖活动举行期间，如果用户评论或点赞，并成为被其他用户点赞或评论的第一名，就能获得奖品。

这些奖品通常是一些较为实用的小商品，也有明星"同款"商品，对用户具有不小的吸引力，用户为了获得奖品，会不断转发，让朋友进行点赞，在这个过程中，会不断有新用户看到该短视频，并不断被奖品吸引，从而引发新一轮关注、评论、点赞，京东的视频号作品因此得以迅速、广泛扩散。

3. 粉丝群专人运营：沉淀私域流量

京东视频号运营者还开设了专门的粉丝群，在粉丝群中经常举行发红包、抽奖等活动，维系老粉丝，让老粉丝定期参与视频号点赞、抽奖等活动，沉淀私域流量。

4. 添加话题标签：吸引公域流量

京东视频号运营者充分利用话题标签功能，在每条短视频下方都添加多个热门话题，让搜索这些话题的用户能够第一时间看到该视频，进而点击观看，成为潜在用户。

例如，在新年期间，京东视频号运营者会在每条短视频下方添加新年、跨年、年货、百亿补贴等话题，吸引用户点击观看。

5.4.2　三只松鼠：品牌营销 + 动画故事 + 联合运营

搜索"三只松鼠"相关短视频账号，也会出现许多账号，其中进行了企业视频号认证的有 3 个："三只松鼠""三只松鼠会员""三只松鼠官微"，如图 5-12 所示。

图 5-12　"三只松鼠"认证的视频号

这些账号每条短视频的点赞量都不低，那么，这样一个近几年突然火爆的零食品牌，是如何在视频号领域获得成功的呢？笔者认为主要有以下 3 个原因。

1. 延续品牌形象,进行品牌营销

"三只松鼠"是电子商务领域迅速崛起的原创网络电商品牌。其以坚果类产品为核心产品,定位为"森林系",倡导"慢食快活",打造了 3 只憨态可掬的小松鼠作为其企业形象,与其品牌名称"三只松鼠"完美契合。这一形象迅速为三只松鼠打开了零食市场。

"三只松鼠"在其视频号上延续了这一品牌形象,在 3 个企业账号中,多条短视频内容都是围绕三只松鼠展开的,满足了用户对"萌"性事物的偏好,与其目标受众——年轻人的品味相契合,有效吸引了对"三只松鼠"感兴趣的用户。

2. 用动画故事吸引受众

以三只松鼠作为品牌形象,运营者在视频号上创作了许多动画故事,首先将三只松鼠拟人化,讲述他们之间发生的故事,然后引入广告信息。

例如,在一条短视频中,运营者以"直男过年如何获得女同事青睐"为主题,创作了一个小故事:一只具有女性特征的小松鼠,没有抢到过年回家的车票,打算去售票处碰碰运气,这时,一只男性小松鼠叫住她,二者之间产生了一系列对话,然后引出广告"过年回家别忘了带上三只松鼠坚果礼包",如图 5-13 所示。

图 5-13 "三只松鼠"视频号页面

通过动画故事引入广告,能降低用户的戒备心理,勾起用户好奇心,在推销产品时,也显得顺理成章,更容易引导用户购买。

3. 视频号与公众号联合运营

在"三只松鼠"视频号的每一条短视频下方评论区，都会有免费领取零食的活动，吸引用户关注其公众号。"三只松鼠"公众号的玩法更多，如"快乐挑战赛""松鼠快乐创造营"，邀请用户参加答题、抽奖等活动，并给中奖用户送上坚果礼包，如图 5-14 所示。

图 5-14 "三只松鼠"公众号活动

通过视频号与公众号的联合运营，"三只松鼠"成功实现双向引流，既在举行抽奖活动时吸引了更多用户参与，也让获奖用户更加关注"三只松鼠"的活动，可谓一举两得。

5.4.3 宝岛眼镜：知识科普打造独特价值

相较京东和三只松鼠来说，宝岛眼镜的知名度要低得多。但正是这样一个知名度并不高的眼镜品牌，却在视频号上获得了不少流量。

首先，宝岛眼镜在进入视频号时，就对自己进行了清晰定位，企业简介为"随时随地为你解答眼健康疑惑"，用户通过这个简介就能知道这个账号对其是否具有吸引力。

对于那些对眼健康存有疑惑的用户来说，宝岛眼镜的视频号无疑能为其解答疑惑，让其获得有用的知识。所以宝岛眼镜视频号上，几乎每一期作品都以问句形式呈现，如"近视变老花，就不用戴眼镜了？""眼镜压得鼻梁痛怎么办？""为什么别人家的小孩不近视？""户外活动真的能防控近视吗？""睡眠不够会导致近视吗？"

宝岛眼镜以专业的知识解答用户的疑惑，尤其是在这个几乎人人都近视的时代，人们对视力问题非常关注，很多用户在观看短视频后，还会将这些科普类短视频分享到朋友圈，告诉好友如何保护眼睛。

笔者就曾经对近视与老花之间是否能相互抵消产生了困惑，宝岛眼镜在其短视频中告诉用户："近视与老花确实能相互抵消一部分，但只限于看近处时如此，看远处时仍需近视镜。"

宝岛眼镜视频内容的具体打造，主要有两种类型，一种是演员演绎，首先从生活中和眼睛、视力相关的场景引入，然后由一位主讲人讲解这一场景中蕴含的眼健康知识；另一种是主讲人直接提出问题并给予讲解，通过持续分享科普相关知识，为用户答疑解惑，来塑造宝岛眼镜在眼睛养护方面科学且亲和的品牌形象，如图5-15所示。

图5-15 宝岛眼镜视频号

后 记

　　这本书最早的思路来自我身边的自媒体运营朋友，他们多是公众号"大V"，在公众号时代，一篇好的公众号文章，便能"刷屏"无数个人的朋友圈。但随着短视频市场的冲击，用户开始逐渐向短视频领域转移，坚持看公众号文章的用户越来越少。

　　这些"大V"开始另谋出路，入局短视频领域，但因为缺乏运营短视频的技巧，走了不少弯路。如我的朋友胡明瑜，在刚刚运营视频号时，就在视频号定位上出了差错，她租赁了一间工作室，计划拍摄情景剧类的短视频。但团队成员都缺乏拍摄、剪辑及脚本撰写的经验，以至于很难创作出高质量的短视频，且创作成本非常高，耗费了大量人力、物力，也浪费了很多宝贵的时间。

　　那么，到底有没有一本专门介绍视频号及教运营者如何运营视频号的书呢？为此，我翻阅了市面上已经出版的关于视频号的书籍，发现这类书籍寥寥无几，且并未完全参透视频号的调性，没有一本能够完全符合我的期待。

　　我曾在视频号上发布过一条短视频，主题是视频号运营技巧，出乎我的意料，这条短视频受到了用户的广泛好评，许多用户在观看后给我留言："学到了很多""满满的干货"，或是询问："老师，什么时候出后续？"

此时我意识到，或许我应该写一本关于视频号的书籍，这既能帮助视频号运营者走出困境，也能让更多还未进入视频号领域的企业或个人意识到视频号红利的存在，早日入局视频号，实现财富自由。

为此，我反复研究那些目前在视频号领域取得重大成就的账号，密切关注每一次视频号功能更新，多次参加视频号运营经验分享大会，并不断将这些经验应用在实践中，力图摸清视频号的基调，弄懂视频号平台的规则，并知悉视频号用户的偏好。最终，本书诞生了。虽然不能说完全掌握了视频号运营的所有方式，但借鉴现有的经验已经能够帮助我依靠视频号变现。

视频号运营之路，并不能完全借鉴他人的技巧，更重要的是在创作中亲自实践，当我们有一天能够游刃有余地打造出拥有数十万、数百万甚至数千万粉丝的账号时，我们就可以真的放下本书。

我真诚地想要将自己在运营视频号中积累的经验分享给读者，让那些跟我和我的团队成员一样，饱受缺乏视频号运营技巧困扰的企业或个人，能够有所得、有所成。

秋叶